O DESPERTAR DA CONSCIÊNCIA
COM CONSTELAÇÕES FAMILIARES

Maria Gorjão Henriques

O DESPERTAR DA CONSCIÊNCIA
COM CONSTELAÇÕES FAMILIARES

principium

Copyright © 2024 by Editora Globo S.A. para a presente edição
Copyright © 2023 by Maria Gorjão Henriques e Porto Editora S.A.

Todos os direitos reservados. Nenhuma parte desta edição pode ser utilizada ou reproduzida — em qualquer meio ou forma, seja mecânico ou eletrônico, fotocópia, gravação etc. — nem apropriada ou estocada em sistema de banco de dados sem a expressa autorização da editora.

Texto fixado conforme as regras do Acordo Ortográfico da Língua Portuguesa
(Decreto Legislativo nº 54, de 1995)

Editora responsável: Amanda Orlando
Preparação: Theo Cavalcanti
Revisão: Marcelo Vieira, Carolina Rodrigues e Jane Pessoa
Diagramação: Carolinne de Oliveira
Capa: Miriam Lerner | Equatorium Design

1ª edição, 2024

CIP-BRASIL. CATALOGAÇÃO NA PUBLICAÇÃO
SINDICATO NACIONAL DOS EDITORES DE LIVROS, RJ

H449d

Henriques, Maria Gorjão
    O despertar da consciência com constelações familiares / Maria Gorjão Henriques. - 1. ed. - Rio de Janeiro : Principium, 2024.
    272 p.; 21 cm.

    ISBN: 978-65-88132-59-3

    1. Psicoterapia familiar. 2. Famílias - Aspectos psicológicos. 3. Constelações familiares. 4. Relações humanas. 5. Autoconsciência. I. Título.

24-92284
CDD: 158.24
CDU: 159.923.2:173.7

Meri Gleice Rodrigues de Souza — Bibliotecária — CRB-7/6439

Direitos exclusivos de edição em língua portuguesa para o Brasil adquiridos por Editora Globo S.A.
Rua Marquês de Pombal, 25 — 20230-240 — Rio de Janeiro — RJ
www.globolivros.com.br

Dedico este livro à humanidade que mora no coração de todos nós!

Agradeço, no altar do meu coração, a vida que recebi dos meus pais, avós, bisavós e todos os antepassados, honrando suas vidas, seus sonhos, suas dificuldades, possibilidades e impossibilidades.

Gratidão profunda por receber de todos eles a vibração que me permite recordar o que vim fazer, tomar e transmutar nesta vida.

Unidos num só coração!

Sumário

PREFÁCIO 11
BEM-VINDO À VIDA! 13
INTRODUÇÃO 23

CAPÍTULO 1
CONSCIÊNCIA SISTÊMICA COMO FILOSOFIA DE VIDA 29
A ORIGEM DA ABORDAGEM SISTÊMICA 31
O PLANETA TERRA É UM SÓ 34
BERT HELLINGER 36
O NOSSO PROJETO ESPIRITUAL 38
LIGAÇÃO E INTERLIGAÇÃO COM O CLÃ FAMILIAR 48

CAPÍTULO 2
GANHAR CONSCIÊNCIA E SER CONSCIENTE NÃO É SINÔNIMO DE CURA 57
A MESMA APRENDIZAGEM TEM VÁRIOS NÍVEIS DE FREQUÊNCIA VIBRACIONAL 59

CAPÍTULO 3
A EVOLUÇÃO DO SER HUMANO 65
SOMOS UMA PONTE ENTRE O CÉU E A TERRA 67

CAPÍTULO 4
A GEOMETRIA SAGRADA DA NATUREZA ESPELHADA DA ALMA 77
A SIMBOLOGIA DA CONCHA DO NAUTILUS 79
A NOSSA REALIDADE EXTERIOR É O REFLEXO E A MATERIALIZAÇÃO DA NOSSA REALIDADE INTERIOR 81
NÃO É POSSÍVEL IR PARA A LUZ SEM ABRAÇAR A SOMBRA 84

CAPÍTULO 5
RECONEXÃO COM A SIMPLICIDADE DA NATUREZA 89
OS CICLOS DA NATUREZA 91
LUZ E SOMBRA 101
CONTRAÇÃO E EXPANSÃO 111
O SISTEMA SOLAR PELA VISÃO ASTROLÓGICA 120
DIVERSIDADE DE PONTOS DE VISTA DA MESMA REALIDADE 130
A TENSÃO QUE GERA O MOVIMENTO DA VIDA 142

CAPÍTULO 6
A FAMÍLIA COMO LEGADO SAGRADO E ESPELHO DA MINHA ALMA 149
REPETIÇÃO DE PADRÕES FAMILIARES 151
AS LEIS DE BERT HELLINGER 153
COMO HERDAMOS A INFORMAÇÃO DA FAMÍLIA? 162
QUE ATITUDE VOCÊ ESCOLHE TER? 169

CAPÍTULO 7
COMO DESCOBRIR A INFORMAÇÃO PARA UM CAMINHO CONSCIENTE......... 177
OS VAZIOS EXISTENCIAIS......... 179
A HERANÇA FAMILIAR......... 190
A LIGAÇÃO COM O DIVINO......... 193
A PAZ DO NOSSO MUNDO INTERIOR......... 198
A CONSTELAÇÃO FAMILIAR......... 212
A JORNADA DO HERÓI......... 221

CAPÍTULO 8
INTRODUÇÃO ÀS CONSTELAÇÕES FAMILIARES......... 229
AS TRÊS CONSCIÊNCIAS, SEGUNDO BERT HELLINGER.. 231
EXCESSOS, REPETIÇÕES E SILÊNCIOS......... 244
A ORDEM ENTRE PAIS E FILHOS......... 253

CONCLUSÃO......... 267

PREFÁCIO

CONHECI A MARIA DURANTE A PANDEMIA de Covid-19, que, inclusive, impediu nosso encontro pessoal em um evento em Cascais, Portugal. No entanto, essa relação virtual não me impediu de perceber a grandeza do que Maria Gorjão Henriques tem a oferecer.

Seu livro nos convida a uma jornada reveladora sobre a influência invisível dos nossos ancestrais em nossas vidas. Em O *despertar da consciência com constelações familiares*, podemos explorar a profundidade das nossas raízes familiares e entender como essas influências moldam quem somos e como vivemos. Este livro não é apenas um estudo; é um guia para quem busca a cura e uma compreensão mais profunda de si mesmo e de seu lugar no mundo.

Ao longo das páginas, você será apresentado à consciência sistêmica como uma filosofia de vida que nos ensina sobre nossa interconexão com o clã familiar e a comunidade, e entenderá o impacto significativo de nossos ancestrais, cujas experiências, traumas e emoções são carregados por nós, muitas vezes sem nossa consciência direta.

Usando as constelações familiares como ferramenta terapêutica, Maria mostra como podemos revelar e resolver complexos emaranhados e padrões ocultos que influenciam nossas vidas. Esse método não apenas ilumina as sombras de nossas histórias familiares, como também oferece caminhos para a cura e o crescimento pessoal.

A conexão com a natureza e a espiritualidade é construída habilmente ao longo do livro, sugerindo que a cura verdadeira envolve reconectar-se com o mundo natural e com nossos próprios antepassados. Por isso entender nossas raízes e nossos sistemas familiares pode nos levar a uma vida mais plena e consciente.

Maria também destaca a importância da responsabilidade pessoal e da liberdade. Ela nos encoraja a assumir o controle sobre nossas vidas, reconhecendo as influências familiares ao mesmo tempo que transcendemos esses padrões para alcançar uma liberdade autêntica.

O despertar da consciência com constelações familiares é um convite para quebrar ciclos, curar gerações e descobrir um novo nível de entendimento espiritual e emocional. É uma ferramenta poderosa para todos que buscam cura, significado e uma nova perspectiva sobre os desafios e as oportunidades de suas vidas.

Rossandro Klinjey

BEM-VINDO À VIDA!

Se você tem este livro nas mãos, é porque a sua alma deseja despertar para uma nova consciência e anseia por ser vista por você, com o objetivo de voltar a ocupar o lugar de centro e de luz em sua vida.

Quantas vezes você dá mais atenção ao que os outros lhe dizem e pedem do que às suas vontades e verdades interiores?

Este livro tem o propósito de lhe fazer um convite para recordar, reconhecer e escutar a voz da sua alma, e, assim, voltar a dar valor ao essencial e ao simples.

Tem o propósito de abrir novos horizontes para que você possa percorrer o caminho de volta ao domínio da sua alma.

Você está no lugar certo para recordar a força da sua alma e encontrar o seu propósito de realização e de vida, que é reconhecer quem você é.

Sou a caçula de três irmãos, mãe de três filhos (duas vivas), avó de uma neta maravilhosa e uma apaixonada pela vida, pela curiosidade, pela natureza, pela forma como ela fala conosco por meio da simplicidade, da expressão, da profundidade e da sabedoria.

Sou apaixonada pela visão sistêmica da vida. Questiono, permanentemente, o meu sentir para além das formas físicas, na tentativa de compreender a natureza humana e o modo como criamos a realidade em que vivemos no dia a dia.

A verdade é que o nosso corpo guarda memórias de um saber antigo, intrínseco, visceral e arquetípico que nos foi passado de geração em geração pela primeira célula que recebemos dos nossos pais, avós, bisavós e de todo o clã familiar.

É fascinante compreender que a maior parte das nossas motivações nascem de uma necessidade de compensação de vazios de amor que ficaram presos na memória do nosso clã familiar.

Na primeira vez em que assisti a um trabalho de constelações familiares, aconteceu em mim algo único e revelador.

O privilégio de ver ali, bem à minha frente, a revelação do que estava velado ao entendimento da minha personalidade me fez reconhecer a força da luz da minha alma e, ao mesmo tempo, me ofereceu uma abertura de horizontes que moveu, dentro de mim, um fluxo energético de entendimento e expansão de consciência que resultou num sentido de pertencimento e interligação com todo o clã familiar.

Reconhecer que vivemos todos numa teia invisível de amor fez descer em mim uma compreensão, uma aceitação e uma comoção que mudaram o meu olhar para a vida. Esse reconhecimento também me permitiu sentir um amor profundo que inundou o meu corpo e a minha alma de uma forma tão natural que me transportou para um novo nível de entendimento da vida e da realidade. Esse fato transformou, transmutou e mudou a minha vida.

Durante quinze anos, trabalhei num banco, onde fui muito feliz. Porém, em 2004, após essa primeira experiência com as constelações, percebi que tinha de dar voz à minha alma e me permitir cumprir o meu propósito de vida. Naquele momento, era formada em psicologia e já tinha iniciado alguns estudos sobre espiritualidade e esoterismo devido à minha profunda curiosidade e busca de trabalho interior.

Sempre tive um interesse profundo pela natureza humana e, desde muito cedo, procurei compreender as razões que levam determinadas pessoas ao sofrimento, ao contrário de outras que podem ter destinos mais marcantes e difíceis, mas que vivem com recursos para levar a vida adiante, transformando e acomodando dores e dificuldades.

A verdade é que todos vivemos numa grande angústia de separação que nos isolou da nossa natureza divina e nos fez esquecer que somos seres divinos com uma curta experiência terrena e que somos habitados pelo ilimitado, embora sejamos limitados neste plano de existência pelo nosso corpo físico.

Caímos na matéria, que tem força de gravidade e é muito mais densa do que outros planos onde a energia é mais alta e sutil. Por esse motivo, nos sentimos isolados, dissociados e com uma grande "amnésia" acerca da nossa origem e das nossas escolhas. Essa é a principal razão pela qual é difícil para nós reconhecermos a nossa luz e a nossa capacidade de amar e, simplesmente, reaprender a SER e manifestar na plenitude a nossa capacidade de SER AMOR e CONSCIÊNCIA.

Nessa grande dissociação, como vivemos num mundo de projeções e espelhos, começamos a acreditar que o outro pode nos devolver o que na realidade perdemos. Passamos a viver presos à ideia de buscar fora de nós, na relação com os outros, a compensação para aquilo de que sentimos falta dentro de nós.

Alguns desses vazios de amor já nascem conosco, porque fazem parte da proposta evolutiva da nossa alma, por isso precisamos buscar, neste plano de encarnação a correspondência de todas essas dores, de modo a tornar possível a sua materialização. Aqui, encontramos a chave para a fechadura certa, quando somos atraídos como um ímã para o clã familiar que entra em sintonia com a vibração e as propostas de aprendizagens que trazemos, para podermos recordar essas feridas por meio da memória do nosso corpo físico, de todas as vivências da infância e das idiossincrasias da nossa educação.

Os nossos pais, ao trazerem essas mesmas dores, as manifestam no dia a dia, e nós, desde o nosso nascimento e enquanto crianças, vamos bebendo tudo o que é expresso por palavras e por silêncios pelo clã familiar.

São esses vazios de amor que trazemos conosco que vão ser acordados e ativados durante a nossa biografia, servindo de gatilho no momento em que formos nos relacionar uns com os outros e também com o mundo.

Temos um problema profundo de lealdade com nós mesmos, porque o que trazemos e nos foi oferecido nesta vida pelo corpo físico — o nosso templo sagrado — obedece a instintos inconscientes e guarda memórias genéticas e epigenéticas que vão condicionar o seu funcionamento natural.

É por isso que a lealdade ao clã, tantas vezes, se sobrepõe à lealdade a nós mesmos. Enquanto não nos tornarmos conscientes e fizermos um trabalho de transformação pessoal, estaremos isolados pela repetição compulsiva de padrões que, na realidade, se repetem com o único fim e propósito de serem libertados, sendo finalmente entendidos, reconhecidos, vistos e amados.

É assim que **caímos numa grande ilusão de separação que nos faz acreditar que tudo o que fizermos para agradar ao outro nos dará a garantia e a segurança de pisar num terreno seguro de amor**. Mas a verdade é que esse lugar de segurança, calidez, afeto e proteção não existe fora de nós, e quanto mais vivemos em função dele, mais nos afastamos de nós mesmos.

Educamos, inclusive, os nossos filhos para cumprirem com as nossas expectativas e desejos, em vez de os empoderar e fazê-los acreditar e se conectar ao que de mais importante mora dentro de cada um, para podermos reconhecer e promover o desenvolvimento dos seus talentos naturais, mesmo que esses talentos não sejam do nosso agrado como pais.

Por esse motivo, desde crianças dizemos tantas e tantas vezes sim aos outros, mesmo que esse sim represente um grande não para nós mesmos.

Vivemos no campo do fazer e ter em vez de vivermos no campo do SER.

Como podemos ser se não sabemos quem somos?

Como conseguimos amar se não nos amamos?

Como é que conseguimos nos doar se não saciamos as nossas necessidades e não nos damos atenção, vivendo num desequilíbrio permanente entre o DAR *e o* RECEBER*?*

Essa era a minha grande questão ao longo de muitos anos até chegar a este entendimento, que clareou, pacificou e tranquilizou a minha alma e a minha personalidade.

Considero que estamos chegando a um cruzamento de expansão da consciência humana que precisa reconhecer que somos muito mais leais do que livres, e que essa lealdade reside nas memórias de todas as células do nosso corpo físico. Essa é a grande questão da consciência humana, a consciência sistêmica. **Mais do que nunca, é preciso resgatar esse saber antigo que recebemos dos nossos ancestrais para voltarmos à nossa base**.

Tudo o que está relacionado a profundidade e sabedoria não reside na nossa personalidade. Está, sim, na nossa relação com o nosso corpo físico e com a terra mãe, ou seja, com a natureza.

O grande caminho é o caminho do meio, como dizem os budistas. Porém é muito mais do que isso: é também o caminho de fazer a mente descer para o coração, a fim de que possamos ver a vida pelo pulsar do coração, e não a partir das sínteses da mente, para podermos voltar a SENTIR a VIDA, porque a mente separa tudo o que vê, tudo o que ouve, tudo o que lê. Devido a essa separação, nós continuamos na dualidade e na oposição, e, por isso, em luta e em sofrimento. Só o coração tem o dom de reunir o que foi separado e de tender para a unidade e a neutralidade.

Então, seja bem-vindo à consciência sistêmica! Esta é uma viagem desafiadora para algumas pessoas, mas é uma viagem que valerá a pena e que pode libertá-lo do apego a muitas formas de sofrimento.

INTRODUÇÃO

A CONSCIÊNCIA SISTÊMICA COMO SÍNTESE

Já parou para refletir sobre até que ponto os destinos dos seus antepassados influenciam e determinam o curso da sua vida?

Desde o nosso país de origem à família a qual pertencemos, todos, sem exceção, influenciam os nossos comportamentos, os nossos pensamentos, as nossas opiniões e as nossas decisões.

Vivemos emaranhados numa teia invisível de amor que sustenta e suporta a nossa família de origem, alimenta os nossos condicionamentos e nos convoca a tentar compensar os vazios deixados pelos destinos difíceis dos nossos antepassados.

Segundo a abordagem sistêmica, cada dor, conflito, conquista ou alegria dos membros desse sistema — vivos, mortos, abortados, excluídos ou esquecidos — são transmitidos a nós, silenciosa e sutilmente, de geração em geração, provocando emaranhamentos no sistema familiar, assim como dificuldades e destinos difíceis em alguns membros das gerações seguintes.

Somos chamados por instinto para compensar e reequilibrar esses vazios, que, na verdade, moram em nós, quando recebemos a vida dos nossos pais e, com ela, as memórias biológica, emocional, mental e espiritual das histórias e dos destinos do nosso clã familiar.

Se olhamos para a História, também encontramos a repetição de padrões e de eventos que influenciam significativamente a memória de um povo, o seu comportamento e a sua forma de estar e viver.

O mesmo acontece com as famílias de origem, quando recebemos dos nossos pais a primeira célula. Nela também estão contidas todas as memórias emocionais dos clãs feminino e masculino, levando-nos a viver e a nos identificar com um modo de vida, reações e comportamentos que nem sempre são o que realmente queremos para nós.

Esse sentido de pertencimento que temos, consciente e inconscientemente, manifesta-se, no nível familiar, por meio de múltiplas formas de comportamentos, pensamentos, sensações e emoções com os quais nos identificamos. Eles nos oferecem, ao mesmo tempo, uma direção e uma vontade profunda de compensação, assim como um sentido de pertencimento e segurança de que tanto precisamos como seres humanos.

Todos nascemos de uma família, por isso temos um universo imenso por explorar para sabermos quem na realidade somos, para onde vamos ou o que podemos ser!

A consciência sistêmica é uma filosofia de vida, uma abordagem que muda totalmente a nossa forma de olhar e estar na vida. Passamos a compreender que todos os eventos biográficos nos servem de informação para decodificar o que, na verdade, precisa ser visto, curado e amado dentro de nós.

Passamos a reconhecer que a realidade exterior é, efetivamente, a materialização da nossa realidade interior e que todas as pessoas e acontecimentos são uma oportunidade que damos a nós mesmos de lidar com conteúdos internos importantes, os quais devem ser revelados para a nossa evolução e pacificação.

Qual é a vantagem da abordagem sistêmica na sua vida? Que benefícios traz para o cotidiano e para a vida?

Os benefícios são altamente impactantes, pois permitem que nos libertemos de lealdades inconscientes que nos impedem de ser felizes e que estão na base dos eternos padrões de repetição de destinos que nos impossibilitam de abraçar a vida de forma livre e leve.

Essa abordagem tem como propósito:

1. Desenterrar os "programas" que nos fazem viver situações repetidas e excessivas, trazendo para a

consciência as dinâmicas ocultas que atuam na nossa vida.
2. Ganhar consciência da nossa interligação com o clã e com as suas circunstâncias.
3. Compreender que a informação não se perde, apenas se transmite de pais para filhos com o objetivo de que alguém do clã possa, ou consiga, libertar e transformar o que foi vivido e guardado.

Muitas causas de infelicidade e ansiedade, ou problemas relacionados à saúde mental, nascem da necessidade de compensação por lealdades inconscientes ao clã.

Repetimos padrões familiares e destinos de forma tão óbvia que, muitas vezes, passamos por experiências similares com a mesma idade de alguns dos nossos antepassados. Outras vezes, repetimos modelos de modo muito sutil ou mesmo oposto. Mas, no fim, o que conta é que estamos perpetuando a memória de dor dentro do clã feminino ou masculino, tornando muito difícil a sua resolução sem uma abordagem terapêutica que olhe para a família como um todo e acolha as histórias do passado como informação importante para o presente.

O nosso inconsciente é atemporal; isso quer dizer que não está ligado ao tempo. Um acontecimento marcante que tenha acontecido aos cinco anos de idade, se não tiver sido pacificado, continuará exercendo a mesma influência durante décadas e décadas.

Também não podemos esquecer que somos cerca de 95% de inconsciente. Se estivermos falando de uma empresa, já sabemos que quem manda é o sócio majoritário. Com a nossa vida acontece exatamente o mesmo — é o nosso inconsciente que empurra e cria os eventos da nossa biografia, gerando situações, histórias e repetições na tentativa de acomodar e tentar superar o que ficou por ser visto, reconhecido, honrado e tomado no passado.

A primeira célula do corpo é formada por 50% do pai e 50% da mãe. Nessa doação que cria o nosso ser não só está todo o material genético dos nossos antepassados, como também as memórias emocionais, os silêncios, as dores, as impossibilidades, as frustrações, os talentos, as conquistas e as alegrias.

Por isso fica tão claro, na abordagem sistêmica, o quanto atuamos em razão da necessidade de trazer equilíbrio para o sistema, procurando reparar, muitas vezes pagando com o nosso destino, o que foi excluído, esquecido ou silenciado.

O que reprimimos transforma-se no nosso destino, e isso é válido de geração em geração.

Qual é a razão que nos leva a atuar dessa forma?

Desde crianças sentimos o sofrimento dos nossos pais, e para garantir o amor deles, resolvemos, por vezes, carregar o peso ou as preocupações dos adultos. Nesse momento, abre-se uma ferida muito grande graças à ausência de amor, porque abdicamos do essencial, que é a nossa própria vida, para assegurar a nossa sobrevivência e suprir a necessidade de amor dentro do clã.

O ser humano é dotado de consciência e de um profundo desejo de realização, ao mesmo tempo que necessita sentir-se amado. Não é possível evoluir e seguir em frente sem olhar para o passado e assumir a nossa fatia de responsabilidade nas escolhas que fazemos. Essas escolhas incluem a família, de quem recebemos o corpo e toda a carga genética e emocional.

Com essa abordagem são finalmente feitas a síntese e a inclusão de diferentes áreas do conhecimento relacionadas à consciência, à espiritualidade e à ciência, incluindo a física quântica, a neurociência, a epigenética, entre outras.

Chegou o momento de transformar a consciência humana e de abraçar com amor as lealdades inconscientes que nos ligam à existência, tomando em nossas mãos a vida por inteiro, a fim de reaprendermos a viver, respeitando e honrando o passado e as leis da natureza.

Somos instrumentos da mesma orquestra, instrumentos vivos da força do céu na terra.

Na verdade, estamos todos a serviço do todo!

CAPÍTULO I

CONSCIÊNCIA SISTÊMICA COMO FILOSOFIA DE VIDA

A ORIGEM DA ABORDAGEM SISTÊMICA

A IMPORTÂNCIA DE TERMOS ESSA CONSCIÊNCIA sistêmica na nossa vida é que ela nos permite ganhar consciência de que **somos seres espirituais com uma curta experiência terrena**. Dentro dessa experiência terrena, nascemos com uma determinada vibração que entrará em sintonia com um plano de vibração que precisamos viver na Terra por meio da LEI DA ATRAÇÃO e da LEI DA CORRESPONDÊNCIA.

Enquanto alma num processo evolutivo, precisamos escolher a família e o lugar certo para nascer, para termos a garantia de que, nesse lugar onde estamos, voltaremos a ter as mesmas experiências, as mesmas dores e o mesmo olhar. Tudo isso permitirá que nos recordemos do que viemos fazer, nos dando a oportunidade de transmutar e curar o que não conseguimos concluir em vidas passadas.

A consciência sistêmica nasce de um conceito e de uma abordagem fenomenológica sistêmica criada por Bert Hellinger, um filósofo que nos deixou um legado de alcance muito profundo. **Essa consciência sistêmica é muito**

mais do que uma visão, é uma mudança de paradigma e uma filosofia de vida, porque tudo muda quando ganhamos consciência da nossa interligação com o clã: o clã familiar, o clã da cidade, do país e do continente onde nascemos e o clã da humanidade.

**Como seres humanos,
estamos todos ligados.**

——— ———

Tal como a Terra é uma só, embora o mar nos ofereça a ideia de separação entre os continentes, a verdade é que, se mergulharmos até o fundo dele, compreenderemos que, afinal, não estamos separados e não existem continentes, porque estamos todos profundamente ligados uns aos outros num território único ao qual demos o nome de Terra.

Por outro lado, as partículas de água que formam os vários mares que conhecemos são as mesmas que se evaporam pelo calor do Sol e que levam com elas os padrões energéticos que absorveram ao longo dos tempos, voltando sob a forma de chuva, caindo em locais onde poderão, por vezes, até ficar congeladas para depois descongelar e voltar a evaporar. Esse ciclo nos mostra a transformação permanente da água, nos oferecendo um grande ensinamento.

O que é mais importante para você, neste momento, ao ler este parágrafo, é perceber que não existe qualquer diferença entre o ciclo da água e o ciclo da vida e da sua vida emocional. Assim como a água, as nossas emoções são congeladas com uma situação traumática, derretidas e evaporadas, voltando sob a forma de novas histórias emocionais que nos convidam a viver as mesmas emoções no decorrer dos anos e até ao longo de várias vidas. Estamos neste plano para sentir, concluir e libertar sensações que ficaram presas no passado, em outras vidas, quando, por alguma razão, não nos foi possível cuidar, acomodar, aceitar e acolher determinadas experiências que nos fracionaram e nos levaram ao sofrimento e ao isolamento. **Tudo o que é reprimido transforma-se no nosso destino**, e a evolução da nossa alma precisa viver as experiências necessárias até reaprender a amar as partes de nós que deixamos de amar e deixamos para trás.

Assim, e como síntese desta reflexão, é natural compreender que o MAR, a água dos rios e toda a água que se move nas nossas vidas e nos nossos países representam uma ilusão aparente que gera em nós a angústia da separação entre a nossa essência e o espírito que nos habita, ou seja, entre a alma e o espírito.

A proposta espiritual que temos neste plano assenta no entendimento do ciclo da água e da união que ela representa, já que simboliza a nossa experiência emocional. É a própria natureza que nos elucida, pois o mar que nos separa é o mesmo que nos une e esconde na sua profundidade a Terra, que é uma só.

O PLANETA TERRA É UM SÓ

NESSA ANGÚSTIA DE SEPARAÇÃO E nessa consciência sistêmica, **resgatamos essa noção do todo**, essa noção de completude, de que somos todos um. A consciência sistêmica nos proporcionará a experiência vivida desse lugar e dessa viagem ao interior de nós mesmos.

UMA DAS GRANDES PROPOSTAS DA NOSSA VIDA

Como é que conseguimos observar a nossa vida e a nossa realidade sem abrir mão das coisas que sabemos? Como poderemos trazer o novo para a nossa vida se não criarmos espaço para que ele se mostre?

*Por meio do olhar
sistêmico tudo o que vejo é
verdadeiro em mim
e no todo, e o todo em mim.*

MARIA GORJÃO HENRIQUES
Unidos num só coração

BERT HELLINGER

Bert Hellinger, o pai das constelações familiares, traz essa visão sistêmica e fenomenológica de olhar para o fenômeno tal como ele é, incluindo o todo nas partes.

Foi em 1925 que Bert Hellinger iniciou um processo terapêutico muito profundo ao estudar filosofia, psicologia e pedagogia. Ele era padre e foi destacado para uma missão na África do Sul, onde viveu com as tribos zulus durante dezesseis anos. Esse povo é conhecido pela sua profunda relação com a terra e a vasta sabedoria das leis que regem a forma como vivem. Hellinger observou esse viver, essa forma de estar profundamente ligada à natureza, e fez essa síntese.

Como alemão, experimentava, à época, muita dor proveniente do inconsciente coletivo do pós-guerra.

Bert Hellinger também esteve na guerra, pelo que começou a sentir um chamamento para contribuir para a dissolução, a pacificação e a cura da dor que tomou conta do inconsciente coletivo do povo alemão. Isso porque a Alemanha do pós-guerra lidava com inúmeros problemas psicológicos que eram transmitidos para as gerações seguintes. Segundo a abordagem sistêmica, esse fenômeno perpetuaria nas gerações vindouras até que alguém reconhecesse e devolvesse ao passado essa mesma dor, ainda que essas gerações não tivessem tido qualquer experiência ou contato direto com a guerra.

Pelo convívio com as tribos zulus, Bert Hellinger recolheu os fundamentos do que iria nascer como as três ordens do amor que estão na base da abordagem das constelações familiares.

O NOSSO PROJETO ESPIRITUAL

Constelações familiares: o que herdamos dos nossos antepassados?

Na visão sistêmica, recebemos a nossa primeira célula quando estamos dentro da barriga da mãe, que é, no fundo, o feminino, a energia da recepção e da vida.

Tomamos e recebemos a vida da nossa mãe e ganhamos a direção com o nosso pai (ou seja, a vontade, o foco, os objetivos).

O feminino recebe e o masculino orienta, como na própria fecundação. A mulher recebe e o homem dá o espermatozoide, que são bilhões e vão numa competição até ver qual deles consegue fecundar o óvulo, ou, melhor dizendo, o que tem a vibração certa para ser acolhido pelo óvulo.

É fundamental voltar a encontrar respostas nas coisas simples da vida e no conhecimento adquirido ao longo dos tempos. Como é que a biologia, a medicina, a astronomia, a geologia, o funcionamento das leis da natureza e a nossa relação com a terra nos indicam o caminho para uma maior e mais profunda compreensão da vida?

O que é essencial na vida está oculto para nós por vários níveis de entendimento, por camadas que não alcançamos quando queremos, mas sim quando podemos, ou seja, quando a nossa maturidade e a abertura

espiritual nos permitem ver e compreender o que esteve sempre presente na nossa vida.

Devemos nos descondicionar de muita coisa para nos expormos a uma nova verdade, para nos transformarmos e abrirmos de forma consciente ao despertar da nossa natureza divina. Isso nos permitirá ganhar uma maior compreensão da vida que habita e se expressa por nós, **ao olharmos para o mundo, para a nossa biografia e para as rotinas que levamos com um sentido de exploração, responsabilidade, presença e busca interna de entendimento espiritual que cada evento nos proporciona.** Só assim descobriremos um novo olhar, uma nova realidade que mudará por completo a narrativa em que vivemos atualmente, para, enfim, vivermos a partir de um novo lugar de entendimento, resultante de uma nova compreensão espiritual que cada evento biográfico acrescenta à nossa consciência como oportunidade de cura e transformação.

Todos nós continuamos a dar saltos quânticos de desenvolvimento, entendimento e transformação, assim como uma criança passa a andar de um momento para o outro.

A verdade é que o ser humano está mais sensível à evolução das crianças, procurando categorizar essa evolução com uma escala de habilidades e alcance de metas de aprendizagem e objetivos, estando muito pouco sensibilizado para observar os saltos de consciência que nos acontecem e continuam a acontecer ao longo da vida.

Somos peregrinos neste plano de existência e estamos aqui para recordar e reunir tudo o que foi separado. Nessa grande escola chamada Terra, não temos férias, feriados ou fins de semana. Estamos permanentemente em aprendizagem e transformação.

Por isso, a consciência sistêmica nos oferece um entendimento tão revelador e transformador que pode nos dar uma compreensão que nos leva a assumir a nossa parcela de responsabilidade e a sair do grande plano de entretenimento, alienação, isolamento e vitimização em que se vive na sociedade atual.

Pela consciência sistêmica, compreendemos que a primeira célula, que dará lugar ao nosso corpo físico, nos é doada pela nossa mãe e pelo nosso pai, e com ela toda a biologia por meio da herança genética dos nossos progenitores.

Mas a verdade é que essa primeira célula não representa apenas uma parte de cada um dos nossos pais. Com a entrega de 50%, cada progenitor dá a totalidade do que é, oferecendo assim todas as experiências emocionais que viveu, bem como todas as heranças de avós, bisavós e as respectivas experiências emocionais, e assim sucessivamente.

Temos no nosso corpo a memória de todas as experiências emocionais dos nossos antepassados, das dores, dos silêncios, dos excessos, dos destinos não cumpridos, das vidas não vividas, das alegrias, dos talentos, dos sonhos, da força, da determinação, da vontade, mas também o que não foi chorado, o que não foi visto, o que foi silenciado, o que foi escondido, as vidas interrompidas, os sonhos não realizados.

Muitos dos sonhos que queremos realizar e das motivações que estão na base dos nossos comportamentos nascem no nosso inconsciente. Nesse inconsciente, moram TODAS AS MEMÓRIAS do nosso clã familiar, mas também da família mais alargada, da cidade, do país e do continente onde nascemos, e também da humanidade. Essa é a razão pela qual, muitas vezes, não percebemos por que queremos fazer determinada coisa e não conseguimos realizá-la, ou sentimos muita dificuldade e peso ao fazê-la, ou sentimos uma impossibilidade de abraçar algo que outros facilmente abraçam.

Somos constituídos por cerca de 37,2 bilhões de células no corpo (números da BioNumbers, banco de dados que reúne informações importantes). Cada uma foi formada e replicada com o mesmo código genético doado por mãe e pai no momento da concepção. A vibração dessa célula tem uma determinada frequência energética que vai procurar no plano da matéria a sua correspondência.

Somos LUZ e VIBRAÇÃO, por isso emanamos e somos atraídos pela mesma vibração com a qual entramos em sintonia.

Como almas num processo evolutivo, precisamos garantir que a nossa vinda a este plano e a esta escola chamada Terra tenha o seu potencial de transformação assegurado.

Para isso, precisamos primeiro passar pela grande "Agência Cósmica", onde vamos nos submeter a um criterioso processo de seleção com o único propósito de nos ser dado um corpo, ou seja, a primeira célula, com uma vibração (histórias vividas pelo clã, sonhos, conquistas, silêncios, segredos, dores, excessos, traumas etc.) que entre em sintonia, pela Lei da Correspondência, com o processo de aprendizagem que a nossa alma atraiu para voltar a viver neste plano de encarnação.

Nessa grande seleção da "Agência Cósmica", realizada pelas Leis da Correspondência e da Vibração, apareceram os nossos pais e todo o clã familiar como sendo os mais perfeitos para nós neste plano de existência. É aí que definimos o clã com o qual entramos em sintonia energética para recordar, no plano da Terra, todas as escolhas que fizemos na "Agência Cósmica".

Essas escolhas dependem diretamente das experiências acumuladas que tivemos em vidas passadas, nas quais, por algum motivo, foi difícil ou impossível integrar e amar partes de nós que foram "congeladas" por situações traumáticas, razão pela qual precisamos voltar a incluir essas partes que ficaram presas e provocaram vazios de amor que nos impossibilitaram de evoluir, compreender e aceitar, incluir e viver com compaixão e amor próprios.

As pessoas do nosso clã familiar vão acabar materializando neste plano as mesmas experiências ou, mais importante ainda, as mesmas sensações que moram na nossa alma e que fazem parte da proposta de evolução que elegemos para esta vida. Como o ciclo da água, o corpo vai absorver essa informação para nos oferecer a oportunidade de transmutação e cura.

Então, precisamos resgatar a nossa parcela de responsabilidade por termos escolhido essa família, reconhecendo o caráter sagrado que essa seleção nos oferece como forma de recordar as escolhas e feridas que trazemos e conseguimos lembrar por meio dos nossos antepassados biológicos.

A Lei da Correspondência é uma das sete leis essenciais da vida, da natureza e do cosmos.

A Lei da Correspondência nos permite ganhar consciência de que aquele casal, naquelas circunstâncias, com todas as vivências que teve, são os pais ideais para nós.

Os meus pais são os pais certos para mim.

A nossa condição de vida, enquanto seres humanos, é absolutamente maravilhosa. Nascemos sem a menor condição de sobrevivência se alguém não tomar conta de nós. Já os animais, pelo contrário, conseguem conquistar a sua autonomia muito mais rapidamente.

O ser humano tem uma autonomia que demanda muito tempo para ser alcançada e está relacionada à aprendizagem emocional pela qual precisamos passar e à qual precisamos nos submeter.

Só que essa aprendizagem emocional pela qual precisamos passar e à qual precisamos nos submeter de novo, neste plano da matéria onde "caímos" e nos isolamos, nos faz perder a memória de quem somos e da energia divina que habita em nós. Recebemos, por meio da educação, dos pais e do clã, o cardápio certo e as histórias certas para repetir a experiência e nos isolarmos e perdermos novamente nas mesmas sensações, a fim de, mais tarde, se decidirmos fazer um trabalho de transformação pessoal consciente e finalmente nos responsabilizarmos, assumirmos que tudo o que vivemos serviu para recordar, transmutar e curar o que havíamos escolhido para nós.

A correspondência da alma com o clã familiar pode ser tão profunda que poderá acontecer, por vezes, de um de nós ser uma reencarnação de algum desses antepassados. Na maioria das vezes, o que tenho observado é que os nossos destinos em vidas passadas trazem as mesmas sensações e dores dos destinos dos nossos antepassados biológicos.

Assim, entramos em correspondência total com a mesma frequência vibratória dos nossos antepassados. Eles vão representar a luva certa de que precisamos para a nossa alma, de modo a cumprir com o nosso potencial de aprendizagem e transformação para garantir as vivências espirituais na linha do nosso destino e do que cada um de nós escolheu transmutar em amor e consciência nesta vida.

São os pais que trazem a alegria e a dor, a tristeza e a impossibilidade, a capacidade e o talento de nos dar tudo aquilo de que precisamos para recordar o que, na realidade, escolhemos trabalhar neste plano de encarnação.

Em uma fase inicial da vida, vamos experimentar todas essas dores que herdamos deles, genética e epigeneticamente, como uma agressão, vitimização ou impossibilidade de transformação, até o nosso despertar espiritual!

Nesse momento, saberemos assumir as nossas decisões e a nossa responsabilidade por tudo o que escolhemos e passaremos a viver a vida numa profunda gratidão pela forma mágica como ela foi nos mostrando e oferecendo, de modo velado, ao longo da nossa biografia, toda a informação de que necessitávamos para o despertar espiritual.

*Não tenho como ser
se ignorar o que a minha mãe
e o meu pai foram.*

MARIA GORJÃO HENRIQUES
Unidos num só coração

TODOS SÃO PERFEITOS PARA MIM

A consciência sistêmica nos proporciona essa profunda conexão para abordarmos a vida de uma nova perspectiva, a partir da qual podemos desenvolver a primeira grande virtude — a **responsabilidade** —, pois, sem desenvolvermos determinadas virtudes, não podemos reconhecer e desenvolver um trabalho espiritual consciente. É preciso assumir que mãe e pai, avós, bisavós, o país, as cidades, a cultura, aquilo que nos é dado para desfrutar e usufruir em termos de educação, foram escolhidos por nós a partir do ponto vibratório certo.

Deixa de fazer sentido olhar para os pais e continuar a sentir a crítica da criança carente ou do adolescente ferido que se queixa de que eles não estiveram à altura ou não fizeram o suficiente quando nos tornamos conscientes de que eles foram escolhidos por nós. Ou seja, quando dizemos que não gostamos da maneira como a nossa mãe ou o nosso pai nos educaram, o que estamos realmente dizendo é que não gostamos daquilo que o nosso eu superior escolheu para nós. Então, estamos em agressão direta contra o nosso próprio corpo, porque quem nos deu o corpo que temos foram os nossos pais. Nesse corpo, cada um deles está presente em nós, e tudo o que eles viveram mora na nossa mente inconsciente. Quando criticamos os pais, estamos em autoagressão, e, infelizmente, tenho observado, ao longo dos últimos dezenove anos, como nesse lugar de crítica e não aceitação se originam tantas doenças. As doenças do nosso corpo físico nascem da perda da humildade e da gratidão, assim como da falta de consciência sobre a carga sistêmica que carregamos, bem como da arrogância e da prepotência que o ser humano tem ao querer inverter a posição sistêmica quando acredita que está acima dos pais. **A consciência sistêmica começa por isso, por termos uma noção de que somos uma peça de um quebra-cabeça que só tem sentido e fica completo quando todas as peças ocupam seus respectivos lugares**. Ou seja, na nossa individualidade tão pequenina temos a grandeza do todo.

Temos a grandeza da dignidade da vida dos nossos pais e avós, da cultura e da alma do nosso país e do nosso continente, e da alma da humanidade. A felicidade e o domínio do nosso próprio mundo precisam primeiro encontrar estabilidade e paz dentro de nós. Compreender as escolhas de outros seres humanos para aceitar os seus destinos é um ato de sabedoria e de profunda compreensão da vida. Aceitar todos esses destinos é dizer um grande SIM à vida e compreender que todos fizeram o que sabiam e podiam no tempo em que viveram, e que cada um deles é também uma alma em evolução, tal como cada um de nós.

**Vivemos numa teia invisível
de amor que nos sustenta.**

LIGAÇÃO E INTERLIGAÇÃO COM O CLÃ FAMILIAR

É FUNDAMENTAL PERCEBERMOS A NOSSA ligação e interligação com o clã familiar, bem como a sua forma de materialização no dia a dia. O nosso nível de lealdades inconscientes é infindável, porque o ser humano precisa de referências para viver, e sempre que dizemos sim a alguém, ou a regras, a preconceitos e a grupos, estamos, na verdade, aceitando que essas regras vão comandar e condicionar a nossa vida, muitas vezes às custas da nossa liberdade interna.

Assim, as lealdades inconscientes têm muitos níveis, desde a família nuclear à mais alargada, ou à cidade, ao país, ao continente, à humanidade. Partilhamos todos os mesmos conteúdos e as mesmas dores e somos chamados para as expressar na tentativa de as libertar por meio do amor, da compaixão e, acima de tudo, da aceitação de que a vida foi como foi de acordo com a consciência que tínhamos naquele momento.

O importante é compreender que, **sempre que alguém do clã familiar fica com algo a concluir, ou vive ou viveu uma situação difícil — uma vida interrompida, peças pregadas pelo destino, injustiças, coisas que ficaram por dizer, silêncios, segredos, dores etc. —, deixa uma marca na alma da família.** Como a família quer reunir tudo o que foi separado, atrai alguém que entra em ressonância com esse campo com o objetivo de perpetuar e reparar a memória que está presa no campo mórfico.

Não estamos apenas a serviço da família, mas também a serviço de nós mesmos, razão pela qual o EGO não deve acreditar na versão de que estamos sacrificando o nosso destino em nome dos outros. Apenas como exemplo: se numa vida passada morremos com um sentimento de injustiça, é natural que se atraia, nesta vida, uma família em que algum dos seus membros viva o mesmo sentimento de injustiça e faça a sua passagem deste plano com essa dor por resolver. A Lei da Correspondência e a Lei da Vibração vão atrair esse destino para nós por meio desse antepassado, criando assim o ambiente fértil para recordar o essencial.

LEALDADES INCONSCIENTES

As lealdades inconscientes atuam na nossa vida, graças à nossa biografia, de três formas diferentes:
- Por espelho.
- Por oposição.
- Por complemento.

POR ESPELHO

Quando estamos em espelho, fazemos exatamente a mesma coisa que a nossa mãe ou avó fizeram, mas adaptada ao tempo e à cultura em que estamos inseridos. Portanto, se a nossa avó não pôde ter a profissão que gostaria e sentiu que o seu talento, por exemplo, para a música ou para a dança foi desperdiçado e impossibilitado de ser vivido e desenvolvido, vamos nascer com um talento semelhante e cocriar a mesma impossibilidade adaptada ao meio cultural em que vivemos: casar com alguém que é expatriado e passar a viver em outro país, onde não é possível desenvolver e explorar esse talento ou exercer a nossa profissão, provocando os mesmos tipos de sentimentos que, com o tempo, tenderão a aumentar, pois vão acumular a dor de avó e neta. Isso significa que, se a avó ficou presa nessa dor, nós vamos cocriar a mesma impossibilidade.

A crítica e o julgamento nascem, na maioria das vezes, de lealdades inconscientes.

MARIA GORJÃO HENRIQUES
Unidos num só coração

POR OPOSIÇÃO

Por oposição significa fazer justiça. Aquilo que sentimos é exagerado demais para o que já vivemos. Isso acontece porque estamos pagando por alguma questão sistêmica. Por exemplo, quando sentimos a dor de uma traição e nunca fomos traídos, mas temos medo de ser, é porque carregamos algo sistêmico, ou seja, a dor que temos é irracional e não tem correspondência objetiva na nossa realidade.

Sugestão de exercício

Observe as suas principais sensações e medos. Existe alguma relação entre a dor e a dimensão que ela tem naquilo que você já vivenciou?

Se essa dor for desproporcional em relação ao que já vivenciou, então isso significa que você está carregando algo por alguém e, consequentemente, por si também, pois está relacionado a algumas das suas vidas passadas.

Em espelho, eu repito. Em oposição, faço exatamente o contrário.

Assumindo o exemplo da avó que queria ser bailarina, o que iria acontecer seria tomarmos dois cursos: um para nós e outro para a avó. Iríamos querer ser profissionais de dança, por exemplo, professora de dança, para honrar e materializar a herança epigenética da nossa avó, tal como um cajado que bate no chão para marcar o ritmo, e fazer justiça. Honramos a nossa avó ao conseguirmos isso por ela. Mas, ao fazermos isso, acabaríamos por viver uma situação semelhante à da avó, que sentiu que não teve liberdade e, portanto, não teve vida própria.

Como o inconsciente age por oposição, vamos querer honrá-la e trabalharemos tanto, tanto, que, no fim, acabaremos também por não ter vida própria, ou seja, acabaremos por viver exatamente a mesma sensação interna que a nossa avó experimentou.

Os opostos são complementares, pois, apesar de não terem a mesma vibração, complementam-se como oposição.

POR COMPLEMENTO

As lealdades inconscientes por complemento estão relacionadas à profissão que escolhemos.

Neste caso, não vamos pagar por essa questão na nossa própria vida nem no nosso corpo, mas por meio da profissão. Aqui posso dar o meu próprio exemplo: não tenho qualquer dúvida de que, enquanto terapeuta e facilitadora de constelações sistêmicas, faço isso por complemento, pois estou trabalhando com o sistema familiar precisamente porque tenho muita coisa na minha família de origem para curar. Trabalhei num banco durante quinze anos, e quem trabalha em um banco é quem quer reparar questões e injustiças ligadas a dinheiro e heranças ou a famílias que perdem tudo. Tive essa experiência na minha vida na geração do meu pai e do meu avô.

É muito interessante olharmos para a nossa biografia e começarmos a ver que tudo o que viemos fazer tem componentes pessoais, de desenvolvimento espiritual e também de serviço sistêmico.

O mesmo se passa em relação às feridas, aos traumas e às dores deixados no inconsciente coletivo pela colonização, pelo racismo, pela escravatura. É como se não nos sentíssemos no direito de sermos felizes devido ao sofrimento experimentado pelos nossos antepassados, que nos deram a vida e as células que fazem parte do nosso corpo.

Como explicam os budistas: nenhum ser vivo pode construir a felicidade em cima da infelicidade de outro ser vivo. O que significa que cada um de nós vai ficar reparando, sofrendo as consequências por lealdades invisíveis que têm inúmeros níveis, e sempre que um tema é resolvido, segue-se outro, e assim sucessivamente.

As profissões que escolhemos estão totalmente ligadas ao sistema em que estamos.

Imagine uma pessoa que trabalhe no mar. Todo mundo tem noção das milhares de vidas que se perderam no mar no passado devido à descoberta das rotas marítimas, às trocas comerciais que existiam por barcos etc. Muitas pessoas desapareciam nos oceanos sem que os seus corpos fossem descobertos.

Atualmente, isso já não acontece com tanta frequência, pois estamos curando esse inconsciente coletivo. Então, quem é apaixonado pelo mar, quem trabalha no mar, quem quer velejar ou surfar, por exemplo, é como se a família estivesse lhe dizendo: "Você vai buscar, correndo o risco de também ficar por lá". Esse é o significado sistêmico dessa atração pelo mar.

Estamos todos unidos num só coração.

Todos estamos ligados e emaranhados numa profunda teia invisível de amor que faz brotar da nossa alma um profundo "sim". Esse é o "sim" do pertencimento, da justiça, do reequilíbrio, da reposição da dignidade de quem a perdeu, da reparação de destinos familiares difíceis.

CAPÍTULO 2

GANHAR CONSCIÊNCIA E SER CONSCIENTE NÃO SÃO SINÔNIMOS DE CURA

A MESMA APRENDIZAGEM TEM VÁRIOS NÍVEIS DE FREQUÊNCIA VIBRACIONAL

Mesmo que já tenhamos passado por determinada situação que nos ensinou algo, podemos voltar a ser convocados e convidados pela vida a passar por uma situação semelhante, a fim de testar se essa aprendizagem já está interiorizada em nós. No fundo, é o nosso inconsciente que cocria essas "situações-teste" na tentativa de voltar a viver a mesma experiência num nível diferente, não tão denso, mas no qual o mesmo padrão energético seja vivido de modo mais sutil. É como se estivéssemos subindo um prédio com vários andares.

Falamos de vibração e de entendimento, pois esses são o lugar e o olhar a partir dos quais interiorizamos a experiência e a acomodamos dentro de nós. À medida que vamos subindo, a vibração se torna mais sutil e podemos observá-la, por exemplo, em mensagens que alguém nos envia ou em uma avaria no carro, ou seja, situações que demonstram a sutileza de um padrão que já não nos apanha desprevenidos nem nos paralisa, apenas indica que devemos estar mais atentos a algo. À medida que vamos descendo, a vibração torna-se mais densa, logo vamos atrair situações mais desafiadoras, com dores e eventos biográficos mais densos.

Uma aprendizagem não está concluída só porque o padrão foi descoberto.

Descobrir o padrão e ganhar consciência acerca dele não são sinônimo de libertação e cura. Ser consciente de um padrão é parte da aprendizagem da vida, parte da caminhada, no entanto é muito mais importante a forma como fazemos o caminho do que o lugar aonde chegamos.

Podemos fazer uma meditação, um retiro ou um curso e chegarmos a um entendimento fantástico acerca de nós mesmos. Podemos ter uma epifania e darmos um salto quântico para um mundo novo repleto de novas oportunidades. Mas o que é que trazemos para o dia a dia após esse entendimento? Vamos conseguir ser coerentes e verdadeiros, nos mantendo constantes em relação a essa aprendizagem? Será que vamos conseguir colocar isso em prática na nossa vida? Essa é a aprendizagem da tentativa e erro.

A vida segue um fluxo predeterminado que está muito além da nossa compreensão.

MARIA GORJÃO HENRIQUES
Unidos num só coração

ERRAR FAZ PARTE DA CAMINHADA

Precisamos aprender a ser caminhantes desta vida, caminhantes espirituais com um cajado na mão, como O Louco, da carta do tarô, que, de vida para vida, vai transmitindo a sua sabedoria e consciência. Isso significa que precisamos escolher nesta vida e na nossa família a frequência vibratória da consciência e da dor, a fim de podermos entrar a partir do lugar para onde precisamos voltar.

Os padrões que trazemos do nosso clã e do sistema no qual escolhemos nascer vêm do passado, pois os nossos antepassados eram menos conscientes do que nós e estavam numa repetição de vida em que a própria cultura e a liberdade não lhes permitiam mais do que aquilo que conseguiram.

Temos, hoje, condições que apresentam uma maior amplitude de olhar, e **quanto mais mergulhamos na consciência sistêmica, mais entendemos que essa amplitude de olhar é o que vai nos dar a compaixão, o entendimento e um "sim" profundo a tudo o que aconteceu tal como foi, para que a história possa se repetir a partir de um outro lugar, com uma vibração mais leve e, acima de tudo, com aceitação, compaixão, integração e AMOR.**

Só quando conseguimos ter consciência em amor é que efetivamente a CURA acontece, numa profunda rendição à vida exatamente como ela foi, compreendendo "da pele para dentro" que tudo o que vivemos foi necessário para chegarmos a esse lugar de amor e compaixão por nós, para que possamos voltar a amar partes de nós que isolamos, congelamos e abandonamos.

Nesse momento, somos capazes de devolver ao passado o que é do passado e nos tornamos igualmente conscientes de que a maior expressão de amor que podemos praticar com todos os que amamos é simplesmente aceitar que cada um de nós tem uma forma de aprendizagem própria. Não temos como proporcionar ao outro o que ele ainda não é capaz de entender, viver e transmutar.

Compreendemos que o amor que sentimos está acima das formas físicas e não depende em nada do que essa pessoa possa fazer ou deixar de fazer neste plano para a sua manifestação.

Nesse lugar, o amor acontece criando e oferecendo a cada um de nós o espaço e a liberdade para o nosso bem supremo, respeitando a nossa essência, libertando-nos do peso e da ideia de estarmos à altura, respeitando todas as escolhas necessárias que cada um precisa viver como almas que somos num processo evolutivo.

CAPÍTULO 3

A EVOLUÇÃO DO SER HUMANO

SOMOS UMA PONTE ENTRE
O CÉU E A TERRA

O SER HUMANO NASCE DE CABEÇA, não nasce de pés. Todos os animais que não são da terra e tudo o que não é da terra nascem de cabeça e se movem com os pés ou patas, ou seja, não estão fixos.

As árvores são da terra, tal como os minerais e os vegetais, por exemplo. Quando falamos do reino animal e do reino humano — que são os dois últimos níveis de evolução (que conhecemos atualmente) em termos de transformação —, temos que mencionar que o nascimento de ambos é realizado pela cabeça, ou seja, pelo chacra da coroa, que está diretamente ligado à nossa relação com o céu. Então, se nascemos de cabeça é porque **viemos para ser uma ponte entre o céu e a terra**, e essa é a nossa verdadeira missão.

As árvores não marcam encontro para jantar e não andam por aí até se encontrarem. Estão emaranhadas de uma ou de outra forma. Têm uma alma grupal, porque, pelas suas raízes e pelos fungos que passam de raiz para raiz, criam um sistema semelhante ao nosso sistema neural, que lhes permite se comunicarem umas com as outras. As árvores têm uma árvore mãe, que, tal como num sistema familiar, também vive muitas vezes num matriarcado e patriarcado. Isso significa que essa árvore tem a força e o conhecimento ancestral, pois é a mais antiga e funciona como o coração que dá vida a todas as outras.

**O grande propósito da nossa vida
é sermos a ponte entre o céu e a terra.
É por isso que andamos com
os pés na terra e a cabeça no céu.**

Segundo os budistas, a *kalapa* é a menor partícula que temos no corpo. Trata-se de uma partícula subatômica que aparece e desaparece trilhões de vezes por segundo!

Ninguém consegue imaginar o que são trilhões de vezes por segundo, pois não é possível separar e fracionar algo que tem uma velocidade tão elevada que os próprios olhos não captam! Por sua vez, essas *kalapas* trazem uma energia que se materializa graças aos quatro elementos: fogo, terra, ar e água.

Quando assumimos a geometria sagrada, a ordem que temos dos quatro elementos é outra: terra, água, ar e fogo. Por exemplo, se tivermos um frasco com água e terra e o agitarmos, a terra vai ficar no fundo, em seguida ficará a água, depois o ar e só depois, eventualmente, poderá surgir o fogo, que se alimenta do ar. **E esta é a origem da geometria sagrada à qual temos de regressar, pois os** quatro elementos também fazem parte da constituição do nosso corpo físico.

O nosso corpo é geometria sagrada e, enquanto seres divinos com uma curta experiência na Terra, somos profundamente influenciados pelos quatro elementos da natureza.

É difícil encontrar equilíbrio se o **nosso corpo físico — o nosso templo sagrado — estiver desequilibrado em relação aos outros corpos que fazem parte da nossa vida, como o corpo emocional, o corpo mental e o corpo espiritual. E ainda existem corpos mais sutis que se manifestam e constituem o campo energético, que chamamos de SELF, a nossa estrutura divina interna.**

Viver em função dessa estrutura divina interna é um enorme desafio, pois o nosso ego rapidamente se impõe, como se dissesse: "Sou eu que digo. Sou eu que sei. Sou eu que vou. Sou eu que guio. Sou eu que construo. Sou eu que faço". Quando o ego assume o volante do carro, sendo o carro o nosso corpo e/ou a nossa vida nesta encarnação, é como se perdêssemos o comando e a ligação com o que é verdadeiramente essencial e nos mantém na VIDA — o SOPRO DIVINO!

Estamos num emaranhado profundo de diversos níveis de lealdades inconscientes e sutis.

Isso significa que **é preciso despertar a compreensão do divino que nos habita e nos faz prestar atenção no que de essencial se expressa por meio de nós, como seres espirituais com uma curta experiência terrena.**

*O que nos restringe denuncia
o ilimitado que mora em nós!*

MARIA GORJÃO HENRIQUES
Unidos num só coração

Existem quatro grandes níveis de consciência que moram dentro de nós e que fomos esquecendo com o tempo:
- ♦ O nível mineral.
- ♦ O nível vegetal.
- ♦ O nível animal.
- ♦ O nível humano.

Como seres humanos, temos no nosso interior a síntese dos vários níveis, mas ainda estamos aprendendo e dando os primeiros passos acerca do nível humano, como se estivéssemos numa espécie de jardim de infância desse nível.

A mente do ser humano está profundamente identificada com o prazer das coisas e o apego a elas.

É por isso que não queremos perder aquele benefício que já conquistamos, ganhando um apego e uma avidez por formas físicas e por TER em vez de SER. Deixamos de reconhecer a mensagem divina que nos é oferecida permanentemente pelos eventos que cocriamos na realidade, ficando cada vez mais presos à matéria e às coisas que nos dão uma falsa ideia de nós mesmos.

Quando nos centramos na questão "Por que eu?", estamos completamente desvinculados do nosso propósito, nos tornando vítimas das nossas idiossincrasias e circunstâncias e incapazes de perceber que aquilo que criamos e que o inconsciente criou para estar neste lugar tem, na verdade, uma mensagem espiritual que só nasce quando nos dispomos com responsabilidade interna a perguntar: "Para quê?".

Precisamos nos disponibilizar para um lugar interno de questionamento com foco na responsabilidade. Perante as diversas situações da nossa vida, devemos pensar:

- Essa experiência surgiu na minha vida para quê?
- Qual é a sua finalidade?
- Qual é o seu propósito?
- Qual é a aprendizagem?
- Os meus guias, eu, a minha parte espiritual e o meu eu superior estão construindo isso para quê?
- Qual é a aprendizagem sutil da mente e da matéria espiritual que posso aprender com essa experiência?
- O que tenho para reverberar e reconhecer em mim como algo essencial que preciso tomar e ao qual preciso me render?

Sugestão de exercício

Imagine o seguinte: há um carro. Esse carro é o seu corpo. Há um condutor e um passageiro. O condutor, normalmente, é o ego, que se acha no direito de comandar: "Por ali não vou, não gosto, não quero, não faço". O passageiro é o *self* — a sua estrutura divina interna.

Quantos de nós nos permitimos ser guiados na nossa própria vida?

Quantos de nós nos permitimos entregar a missão de cada evento, de cada propósito, de cada projeto, de cada coisa nova ao céu?

Quantos de nós nos permitimos colocar uma intenção e aguardar os sinais que nos indiquem qual é a estrada?

Agora, se questione:

Como é que me sento no carro e me deixo conduzir por algo maior?

Onde ponho o meu corpo e a minha personalidade a serviço desse algo maior?

Onde me permito oferecer, conscientemente, características da minha personalidade a serviço de um bem maior?

Quando nos colocamos a serviço de uma vontade que não é a nossa, mas que reconhecemos nas entrelinhas dos acontecimentos, conseguimos identificar a forma como a vida está nos guiando para determinado lugar, numa vontade que é a da alma maior, que pode ser da família ou da humanidade, que procura voltar a juntar o que foi separado.

É aqui que entramos numa visão sistêmica que transforma a nossa vida e o nosso paradigma de vida; que percebemos que estamos aqui, numa curta experiência humana, num projeto espiritual. É quando finalmente percebemos, com humildade, que somos demasiado pequenos diante de um plano maior. **Porém, mesmo pequenos, somos uma peça fundamental para o todo.**

Se, por um lado, sentimos essa pequenez, por outro, sentimos que o papel que temos para desempenhar precisa ser cumprido, pois deve se manifestar.

Nessa rendição, nos colocamos a serviço da vida enquanto doação, pois estamos em contato com a parte espiritual que habita em nós, caso contrário todo esse processo não seria viável.

Voltando ao volante do carro, quando estamos com essa visão sistêmica, somos nós que decidimos para onde o carro vai, insistindo, mesmo que por vezes existam contratempos, em bater numa parede. Quando isso acontece, temos consciência de que é um ato de abundância, pois é a vida nos dizendo que o caminho não é por ali, que o nosso destino não passa por ali. Ou seja, como estamos conectados com essa visão espiritual, não nos queixamos de que a parede é uma grande injustiça, pois entendemos e aceitamos que aquela parede tem de lá estar para a nossa evolução e aprendizagem, para nos recolocar no caminho certo.

Certamente você já venceu determinadas situações difíceis que, olhando para trás, agora entende que, se não fosse aquele momento, aquela fase mais desafiadora, você nunca teria evoluído. Por trás dessas situações delicadas houve uma abundância espiritual extrema, uma convocação da sua alma, um chamamento para a reunificação e a reintegração do seu ser.

A consciência sistêmica nos dá ferramentas que nos permitem conduzir sozinhos o carro

**da nossa vida e a qualquer momento parar
para refletir e questionar se realmente estamos
no caminho certo.**

―― ――

Qual é o lugar a partir do qual você está vendo a vida neste momento?
Esse lugar levará a outro?
É um lugar de reação (inconsciente) ou de ação (consciente)?
É um lugar de inspiração para algo maior?

Essas reflexões devem ser feitas com tempo, com calma e com a sabedoria de que tudo acontece dentro do tempo divino. Lembre-se de que as coisas acontecem não quando queremos, mas sim quando podemos lidar com elas. Portanto, é preciso muita paciência para acolher a parte de nós que ainda não está preparada para isso.
A vida é contração e expansão.

*O preço de substituirmos
a fé no divino pela fé
na ciência é muito alto
para todos os seres humanos.*

MARIA GORJÃO HENRIQUES
Unidos num só coração

CAPÍTULO 4

A GEOMETRIA SAGRADA DA NATUREZA ESPELHADA DA ALMA

A SIMBOLOGIA DA CONCHA DO NAUTILUS

A CONCHA DO NAUTILUS PODE SER associada à consciência sistêmica como um símbolo da estrutura intrínseca espiritual que se manifesta em proporções divinas de forma visível ou invisível, no material e no espiritual. Representa a proporção áurea que define toda a criação dos corpos do universo e a fórmula de Fibonacci. Ela nos mostra a espiral evolutiva que parte de um centro e entra em contração e expansão até dar um salto quântico. Porém, ao observarmos com atenção a espiral, mesmo após dado esse salto quântico, ela volta para trás.

O mesmo acontece na nossa vida, quando aprendemos determinada lição e a vida e o nosso eu superior nos dizem: "Será que você aprendeu mesmo? Vamos testar". Nesse momento, até podemos questionar por que estamos atraindo outra vez a mesma história se já aprendemos a lição, sem percebermos que estamos sendo testados.

Atrair a mesma história e repetir o mesmo padrão depois de já ter aprendido é uma bênção, porque é a oportunidade que a vida nos oferece de consolidar a aprendizagem e afirmar: "Isso eu já sei". É como se fosse uma fórmula matemática cuja aplicação já dominamos e com a qual podemos trabalhar repetidas vezes.

Sempre que precisamos viver a repetição de uma história e de um padrão emocional que reconhecemos, mas que já experimentamos com uma intensidade menor, é porque temos a oportunidade de subir mais um nível sutil de vibração e consolidar essa aprendizagem.

É em tempos mais desafiadores que conseguimos ter uma consciência mais clara e consolidar aprendizagens, integrando-as ao nosso corpo com alegria e vontade de realizar magia por meio da nossa humanidade. Aí, sim, podemos afirmar com convicção: "Agora está tudo bem, consigo ultrapassar qualquer teste que venha a surgir no meu caminho, pois essa aprendizagem está consolidada".

A repetição de um padrão é uma oportunidade de consolidação de aprendizagens.

É uma oportunidade de fixar mais um detalhe sistêmico. É uma ampliação de um novo olhar, um novo componente na história, uma nova sutileza que é possível acomodar.

A NOSSA REALIDADE EXTERIOR É O REFLEXO E A MATERIALIZAÇÃO DA NOSSA REALIDADE INTERIOR

"Quem olha para fora sonha.
Quem olha para dentro desperta."
CARL JUNG

É MUITO IMPORTANTE QUE O ser humano aprenda a viver em função da observação da sua realidade interior, porque o que acontece fora tem impacto direto dentro de nós, e se tivermos, porventura, algum conteúdo interno que entre em sintonia e ressonância com o que está acontecendo, nesse momento passamos a interpretar a realidade em função da nossa "cesta mental". Automaticamente, começamos a reagir por não saber ainda lidar com essa informação que mora no nosso inconsciente e é ativada pelo exterior.

Se, pelo contrário, estivermos em paz em relação a determinado tema, poderemos ser convocados e convidados pelo exterior a reagir, mas, por estarmos pacificados, vamos observar esse convite o número de vezes necessárias sem reagir. Pode até acontecer, nesse momento, de observarmos as circunstâncias e a "cegueira" do outro e considerarmos que essa pessoa não está bem na medida em que está passando por um mau momento. Apesar de essas situações serem desagradáveis, não entramos nessa vibração nem reverberamos naquela frequência, e as deixamos cair sem entrar no conflito.

Se uma pessoa está sendo desagradável, dizemos que não temos de aceitar a sua agressividade, pois do lugar onde estamos não vibramos na mesma frequência.

Podemos até sentir desconforto quando a aprendizagem aparece, porque temos esse padrão, mas temos também a consciência de que o que tínhamos para amar e voltar a juntar dentro de nós já foi cuidado. Dessa forma, sentimos a alegria de aprender a agir em função do desconforto. Por isso é que a primeira coisa que fazemos é acomodar, e não implodir, porque só assim conseguimos ficar no papel de observadores de todos os detalhes da experiência. Conseguimos perceber quais são os impactos no nosso corpo observando a energia da agressividade ou da tensão em relação ao que está acontecendo. E aí somos capazes de assumir o controle.

Eu assumo o controle.

Eu aprendo a olhar para o que é difícil de olhar.

Eu aprendo a amar o que é difícil de amar.

Eu aprendo a sentir o que é difícil de sentir.

*Como é possível vivermos
o nós se ainda não estamos
alinhados e realizados com o eu?*

MARIA GORJÃO HENRIQUES
Unidos num só coração

NÃO É POSSÍVEL IR PARA A LUZ SEM ABRAÇAR A SOMBRA

É PRECISO ABANDONAR A IDEIA de uma vida perfeita e idílica que todos tentamos construir ou que vivemos pelas redes sociais dos outros. Se assim continuarmos, estaremos nos afastando da nossa essência e daquilo que de sagrado a nossa sombra tem para nos mostrar.

A sombra é a ausência de luz, e é preciso mergulhar na sombra para reencontrar a luz. Só quando vamos ao fundo de nós mesmos é que encontramos a razão de ser que está na base do nosso desconforto.

Se nos limitarmos a flutuar na superfície da piscina, primeiro vamos ficar cansados e vai haver um momento em que vão nos faltar forças e vamos entrar em depressão. Sem irmos ao fundo, nunca conseguiremos alcançar a essência.

Atualmente, a sociedade exige que sejamos normóticos, ou seja, que cumpramos, façamos, estejamos à altura etc. Se alguém não está bem, lhe são receitados medicamentos que servem como anestesias para os sentimentos. Mas, se nunca sentirmos, nunca iremos ao fundo, e, sem isso, nunca alcançaremos a essência. Sem alcançá-la, não sabemos quem somos, e se não soubermos quem somos, como é que poderemos SER?

É aqui que entra a espiral evolutiva que nos permite mergulhar profundamente e emergir mais adiante do que estávamos antes. É como se mergulhássemos até o fundo da piscina para então retornarmos com força renovada à superfície, agarrando-nos à borda, que nos permite mergulhar e submergir, indo mais longe. É como se fôssemos ao fundo da piscina para regressarmos com toda a força à superfície, agarrarmos a beira da piscina e conseguirmos sair. Faremos muito menos força para voltar à borda da piscina se formos ao fundo e trouxermos a energia de lá. Já se permanecermos na superfície tentando nos sustentar e não soubermos nadar, iremos gastar muito mais energia.

A forma da concha está presente em tudo o que nos rodeia e a sua fórmula está presente em tudo na vida: num redemoinho dentro d'agua, numa onda do mar que se enrola em forma de espiral, num tornado, nas nossas impressões digitais, num bebê crescendo dentro do ventre da mãe, em toda a natureza, numa alface, numa flor, num caracol... **Tudo é geometria sagrada.**

Os cristais da água são geometria sagrada. São formas que se materializam sob fórmulas geométricas e som. **Todas as formas de vida têm correspondência em fórmula geométrica e em som**. A matéria existe porque, quando a luz incide sobre ela, se densifica sob a forma de geometria sagrada.

Na natureza, temos a resposta para tudo aquilo que precisamos saber sobre nós. Só temos de estar quietos, respirar, olhar e contemplar.

――― ―――

O ser humano perdeu a sua relação com o que há de mais visceral dentro da própria terra, que é a natureza.

**Os animais têm a consciência sistêmica
que lhes corre no sangue.**

A dança entre a luz e a sombra é a forma que temos de evoluir nesta vida. Afinal, todos os dias temos o dia e a noite.

MARIA GORJÃO HENRIQUES
Unidos num só coração

Eles sabem gerir o que há de essencial e prioritário na natureza, coisa que o ser humano deixou de saber fazer há muito tempo, sem ter a menor noção da importância de cooperarmos uns com os outros, de nos juntarmos, amarmos e abraçarmos uns aos outros.

Pensemos no exemplo dos ursos: são animais altamente territoriais. Um determinado lugar e território junto ao rio pertence a um só urso macho. Porém, no dia da desova do salmão, esse urso aceita abrir as portas daquele território para receber os outros ursos que aparecem, porque sabe que vai acontecer a desova do salmão naquela noite de lua cheia, o que permitirá que todos os ursos se alimentem da gordura dessas ovas para hibernarem, e que o destino dos ursos, enquanto espécie, depende da sobrevivência de todos, incluindo dos outros machos com quem lutou para ser o dono daquele território específico.

Naquela noite, aquele urso diz: "Hoje é o dia da sobrevivência de todos nós. Hoje, o meu território deixou de ser importante, porque é de todos. Hoje, não há egos. Hoje, não sou dono disto, porque isto não me pertence. Só quero ser dono enquanto tiver as minhas fêmeas para procriar e nascerem mais ursos, mas agora o que importa é a manutenção e a sobrevivência da espécie, por isso venham todos à desova do salmão, pois é aqui que vai acontecer". Não precisa enviar mensagem, porque todos os outros ursos sabem onde aparecer, já que possuem um saber profundo e intrínseco dentro deles. Assim como nós.

Tal como os animais, nós também temos um saber profundo e intrínseco dentro de nós.

Se uma criança tiver falta de cálcio, vai lamber a parede, pois sabe que no gesso encontra cálcio, mesmo que não tenham lhe ensinado isso.

Por meio da consciência sistêmica, resgatamos o que há de mais essencial, que é voltar a sentir para viver. É preciso voltar a contactar as portas dos sentidos da vida para recordar quem somos enquanto corpo e ter um corpo no qual há sensações e uma experiência única de espiritualidade. **SER e SENTIR são duas propostas espirituais maravilhosas.**

CAPÍTULO 5

RECONEXÃO COM A SIMPLICIDADE DA NATUREZA

OS CICLOS DA NATUREZA

A dissociação que existe entre o ser
humano, a natureza, a vida e o
ser espiritual que habita em nós é
tão brutal que nos damos
ao luxo de habitarmos o planeta Terra
e sermos os únicos que não vivemos
alinhados com ele. E ainda achamos que
a Terra é que tem de se alinhar à
nossa vontade! Desrespeitamos a
ordem e estragamos e
desequilibramos o planeta.

——— ———

Enquanto seres humanos, é muito importante que voltemos a nos ligar aos ciclos da vida, da Terra, do Sol e da Lua. A grande proposta é de simplicidade, de síntese, pelo olhar para o que é simples, ou seja, a natureza.

Vivemos todos os anos a repetição de ciclos essenciais, com a Terra dando mais uma volta ao redor do Sol. Por sua vez, o nosso Sol também gira ao redor de outro sol, e assim sucessivamente, criando a tal espiral da nossa galáxia em bilhões de outras que existem.

Como é possível que o ser humano se ache único se não somos nem um grão de poeira na dimensão do universo?

Por que é que chamamos universo, e não nos referimos a multiversos?

Porque o nosso ego continua a acreditar que a realidade que criamos e vemos é única. Isso limita totalmente o nosso acesso à verdade.

AS ESTAÇÕES DO ANO

Se observamos a natureza nas quatro estações — inverno, primavera, verão e outono —, perceberemos que existem várias diferenças. O mesmo acontece conosco.

O inverno é a época certa para desapegar, libertar, deixar ir aquilo que chegou ao fim e para o qual já não existe espaço.

A primavera é o momento de fazer nascer a vida, iniciá-la, criar projetos; é um novo ciclo de florescimento.

O verão é o momento de deixar amadurecer e brilhar tudo o que foi semeado.

E, por fim, o outono é o momento de colher para fertilizar a terra e prepará-la para a chegada do inverno.

VIVER EM SINTONIA COM OS CICLOS DA NATUREZA

A natureza está em perfeita harmonia e nos dá exatamente aquilo de que necessitamos para cada estação. Porém, nós contrariamos o que a natureza nos dá. Por exemplo: a natureza nos oferece as frutas e os legumes de que precisamos para lidar com as condições de cada estação em particular. Mas o que nós fazemos atualmente? Comemos morangos e mangas no inverno, quando não é a época desses frutos.

Se estivéssemos alinhados com os ciclos da natureza, com os ciclos sistêmicos da vida que são a expressão da própria vida sem a intervenção do ser humano, estaríamos muito mais saudáveis e alinhados com aquilo de que realmente precisamos — vitaminas, nutrientes, sais minerais, ou seja, tudo aquilo de que o nosso corpo, que é sábio, necessita para enfrentar as condições de cada estação.

Durante muitos anos, vivi acima de uma quitanda, mas não comprava nada em grandes quantidades. Naquela época, as minhas filhas eram pequenas e eu as levava até lá para escolherem o que lhes apetecia comer naquele dia. Dizia a elas para escolherem duas unidades de fruta e um legume, e eu sabia que sua escolha era exatamente aquilo de que o corpo delas precisava, pois ninguém escolhe alguma coisa pela qual o corpo tem repulsa.

Se comermos durante muito tempo determinado legume, por exemplo, chega uma altura em que o nosso corpo vai ter repulsa por aquele alimento, como se estivesse nos dizendo: "Já chega, você está exagerando nesse nutriente e precisa de diversidade". Só que nós não temos consciência da necessidade dessa diversidade, porque não escutamos o nosso corpo, não escutamos o silêncio nem criamos silêncio para escutar o que o corpo tem para nos dizer.

TODOS OS ANOS, A TERRA DÁ UMA VOLTA AO REDOR DO SOL, MAS NÓS NÃO PERMANECEMOS NO MESMO LUGAR

Aparentemente, podemos ter a sensação de que estamos no mesmo lugar, até porque as estações se repetem todos os anos na mesma ordem, mas a verdade é que a Terra, o Sol e todo o Sistema Solar estão numa espiral evolutiva, o que significa que não permanecemos no mesmo lugar ano após ano. Só que esse movimento está de tal maneira para lá do nosso entendimento, que não conseguimos materializá-lo no plano mental. E como não conseguimos vê-lo, achamos que permanecemos no mesmo lugar e que a Lei da Impermanência não existe, porque vemos e observamos a vida nos mesmos ciclos aparentes.

A própria Terra cria esse movimento em torno do Sol e a toda a força de gravidade do Sistema Solar, que, por sua vez, cria esse movimento de equilíbrio e de perfeição. Contudo, essa é uma perfeição imperfeita, porque se encaminha para a sua conclusão, mas ainda se encontra num caminho evolutivo, caso contrário, estaria concluído.

Neste momento, é como se estivéssemos na rodinha de hamster, repetindo compulsivamente sem sair do mesmo lugar de consciência. Acontece exatamente o mesmo com as experiências da nossa vida.

*Permita que a
natureza ensine
a tranquilidade
para você.*

MARIA GORJÃO HENRIQUES
Unidos num só coração

UM ANO TEM 365 DIAS E UM CÍRCULO, QUE É UMA IMAGEM PERFEITA, TEM 360 GRAUS

Então, como é que um ano tem mais graus, ou seja, mais dias do que o círculo, que é perfeito?

Na Terra, nós estamos em evolução e **tudo o que está em evolução não é perfeito**, e o círculo é a forma geométrica mais perfeita que existe.

Isso significa que **temos 360 dias, mais cinco "fora do tempo", que são os dias que nos permitem dar o tal salto para não fechar o ciclo e abrir para a espiral, fora do círculo, para um movimento que, não fechando, inicia um novo processo evolutivo**. Assim, olhamos para as grandes formas sistêmicas da vida e elas têm o movimento de espiral, porque não estão concluídas nem são ainda perfeitas.

Quando assinalamos mais um aniversário, é importante sentir e refletir sobre a sorte que temos por celebrar mais um ano de vida. Voltar ao mesmo lugar onde o nosso sol nasceu, ao mesmo grau, ao mesmo segundo, a toda aquela intimidade e vibração energética de quando chegamos a esta vida é a oportunidade ideal para entrar na frequência daquele lugar que o Sol ocupa no Sistema Solar e nas constelações. Significa que vivemos os 360 mais cinco dias fora do tempo, os tais cinco dias de avaliação e transformação que nos permitem evoluir.

Tal como nós, a nossa família não conclui porque também está num processo natural de evolução. Por vezes, existem famílias que são amputadas, ou seja, algo aconteceu para que aquela família se silenciasse e terminasse.

É como se tivéssemos uma árvore cujo ramo foi cortado ou partido durante uma tempestade. Talvez essas famílias já tivessem concluído a mensagem espiritual que precisava ser trabalhada. Talvez não. Nunca saberemos ao certo. Essa confirmação carece de uma observação; tal como tudo o que é sistêmico e fenomenológico precisa ser observado para mostrar a verdade que está pronta para emergir.

A FORMA COMO CAMINHAMOS É MUITO MAIS IMPORTANTE DO QUE O LUGAR AONDE CHEGAMOS

Regressemos às estações do ano e aos alimentos que devemos consumir em cada uma para mais um exemplo. Nesse ciclo da natureza, não podemos querer comer uma maçã quando ainda é uma flor. A macieira é plantada, cresce durante alguns anos, começa a ter os ramos que dão flores e, passado um tempo, estas se transformam e iniciam o processo de transformação no fruto, que cresce com o Sol e a água da chuva. Só que o ser humano tem pressa e quer comer maçãs o ano todo, sem esperar que a maçã cresça. O mesmo se passa com a nossa vida. **Quando nos deixamos levar pela pressa, amputamos a possibilidade de crescimento e perdemos o essencial da nossa existência.** Na verdade, é muito mais importante a forma como caminhamos do que o lugar aonde chegamos. Então, é crucial assistir e sentir a alquimia que a natureza nos mostra todos os dias; as suas transformação, transmutação e magia atuando em nós, na nossa consciência e visão da vida. Sentirmos que estamos vivos e presentes, sabendo distinguir o pensamento da presença da vida, como uma flor que se transforma numa maçã.

Quantos de nós estamos disponíveis para essa contemplação da natureza?

Vamos a um supermercado, vemos um monte de maçãs, tiramos três ou quatro e nem notamos o que foi necessário acontecer até o fruto estar ali na nossa frente, pronto para ser levado. Muito menos refletimos sobre a energia que está representada naquele fruto por meio de todas as pessoas envolvidas. Quando comemos a maçã, estamos ingerindo, também, toda a energia que está relacionada a ela no seu tempo de vida e na intenção que foi carregada em cada etapa, ou seja, ao ingerirmos aquela maçã, estamos ingerindo o projeto sentido da maçã, a forma como o produtor criou aquela maçã, a sua intenção.

Precisamos criar momentos de silêncio para acalmar as águas, aquietar a nossa mente e escutar o nosso coração!

MARIA GORJÃO HENRIQUES
Unidos num só coração

Quando finalmente começamos a ganhar essa consciência das coisas, passamos a perceber, a sentir e a parar, como se colocássemos uma trava na nossa vida e disséssemos: "Calma! O que é que eu ando fazendo da minha vida? A forma como estou vivendo é adequada à minha alma?".

Se entrarmos em conexão com tudo o que fazemos ao longo do dia, e principalmente com aquilo que comemos, entraremos em conexão com o mundo não visível, que vai nos dizer muito sobre quem somos, de onde viemos e para onde vamos.

A consciência sistêmica vai muito além do nosso sistema familiar. É uma posição existencial de vida, é filosofia, é uma mudança de paradigma.

O convite que agora lhe faço é: olhe à sua volta e veja tudo o que você tem como garantido e adquirido, a história contida por trás da história de todas as coisas que carrega consigo, que você usa, que o beneficia e/ou que ingere.

Essa reflexão vai permitir que você entenda o princípio de uma consciência sistêmica profundamente alargada, que consiste no respeito pela natureza e por todos os seres vivos. Um respeito profundo por tudo aquilo que está ao seu alcance e na sua relação com o mundo.

Tudo está em permanente evolução.

LUZ E SOMBRA

Continuando com esse olhar profundo sobre a observação da natureza, vamos agora olhar para o Sistema Solar sob uma outra perspectiva.

A VIDA NA TERRA EXISTE PORQUE HÁ SOMBRA

A vida na Terra existe porque o planeta tem uma inclinação no seu eixo que varia entre 22 e 25 graus, o que possibilita a existência da sombra. Se o eixo do planeta estivesse alinhado, não haveria vida na Terra, porque o foco de luz que chega diretamente do Sol queimaria tudo devido à força dos raios ultravioleta. **Tal como a vida na Terra existe porque há sombra, também a nossa condição de vida depende da sombra.**

É preciso deixar de encarar a sombra
como algo negativo.

A sombra nem sempre é uma coisa má. É a sombra que nos protege de uma exposição solar excessiva, que pode provocar uma eventual queimadura e perda de visão, tal como veremos mais à frente.

A SOMBRA NASCE DA PROJEÇÃO DA LUZ NA MATÉRIA

A nossa relação com a vida é uma dança constante entre luz e sombra. Para explicar melhor, vou usar um exemplo simples: se acendermos um fósforo perto de uma parede, não conseguiremos ver a sombra da chama na parede, mas conseguiremos ver a sombra do fósforo projetada na parede.

Ou seja, a chama não tem sombra, mas a madeira do fósforo, que é matéria, sim. Isso significa que a luz, quando entra em contato com a matéria, cria e projeta sombra.

Isso é muito importante para entendermos o funcionamento da luz e a importância da sombra projetada e o que ela quer nos mostrar neste plano em que vivemos.

Essa é a metáfora mais importante para olharmos para a nossa vida. O nosso corpo físico projeta sombra no plano em que nos encontramos e estamos aqui para olhar e lidar com essa sombra, mas jamais podemos nos esquecer de que a luz divina que habita em nós, que nos dá a vida e nos mantém, é puro amor e não tem sombra. Em outras palavras, **somos limitados na nossa forma de expressão, mas habitados pelo ilimitado.**

Sinto que sou habitada pelo ilimitado,
mas limitada na minha forma de expressão.
Essa luz que não tem sombra habita
em mim como um ser divino que sou.
É o sopro divino que anima o meu corpo

> **com vida sem que qualquer um tenha intervenção direta.**

Há milhares de acontecimentos físicos e alquímicos que acontecem no corpo a todo momento sem a nossa intervenção consciente.

O corpo e a vida que habita nele são movidos por **uma força maior a serviço da existência** que não depende da nossa vontade.

Essa luz que não tem sombra está a serviço de todos nós. O que tem sombra é o corpo onde a alma encarna. O corpo é um receptor da alma que nesta vida tem algo para cumprir. **O nosso corpo físico é matéria e foi por meio desse templo sagrado que escolhemos vir até este plano para recordar, transmutar e curar os vazios de amor que nos são mostrados pela nossa sombra.** Essa possibilidade de experimentar sombra e luz é o que torna a vida maravilhosa.

A DANÇA ENTRE LUZ E SOMBRA É A FORMA QUE TEMOS DE EVOLUIR NESTA VIDA

Conquistar essa consciência sistêmica é compreender que **existe uma força maior a serviço da vida que não depende da nossa vontade**, e a partir desse lugar de profunda conexão com a vida, podemos ressignificar os nossos valores, voltar a sentir a presença do divino e ilimitado em nós, o sentido da existência e o funcionamento das leis do universo dentro de nós.

Todos os dias, o Sol nasce para nos mostrar a importância de resgatarmos e reintegrarmos a nossa luz!

MARIA GORJÃO HENRIQUES
Unidos num só coração

| Reflexão |

Deixo aqui algumas questões para que você possa entender e fazer um balanço sobre a sua forma de estar na vida:

Neste momento, o que você está fazendo para se realizar?

Como é que está vivendo?

A forma como está vivendo é adequada à sua alma?

A forma como você vive a profissão, os seus relacionamentos amorosos, a relação com os seus pais ou com os seus filhos está alinhada com a sua alma? Está alinhada com o seu propósito divino?

O encontro desse alinhamento com a nossa alma passa pela coragem de lidarmos diariamente com a nossa sombra e a nossa luz.

Quanto mais próximos estamos da luz, maior é a nossa sombra, mas mais diluída ela é. Quanto mais longe da luz, menor é a sombra, mas muito mais opaca e densa.

O que significa que, quando estamos longe da luz, ou seja, longe da consciência, longe do entendimento da nossa dimensão divina, a sombra é pequena, pois não estamos projetando uma grande quantidade de luz, mas é muito opaca, densa e bem definida. É exatamente aquilo que é, e a nossa vida rapidamente mostra essa sombra a ser materializada na nossa biografia.

Quando nos aproximamos da luz, ficamos mais próximos de uma maior consciência de nós, e a nossa sombra amplia tanto que fica maior do que o próprio corpo. Mas é uma sombra muito menos opaca, mais diluída, maior, porém mais translúcida. Há uma transcendência de mente e matéria, porque nós também já temos as ferramentas de consciência e de observação da luz para não reagir e passar a agir. Ou seja, há uma ampliação de consciência que transcende mente e matéria, nos permitindo ser mais translúcidos, mais próximos e mais capazes de nos integrar naquilo que é óbvio e essencial, ou seja, aquele ponto de sombra que tínhamos para viver e manifestar.

É difícil olhar para dentro, mas muito mais difícil é viver a vida sem olhar para dentro.

O MUNDO EXTERIOR É UMA MATERIALIZAÇÃO DO NOSSO MUNDO INTERIOR

Se estivermos mais conscientes de que o mundo exterior é uma materialização do nosso mundo interior, conseguiremos perceber, de modo sutil, que já conseguimos lidar com determinados eventos de modo mais leve, pois não é o evento em si que nos afeta, já que entendemos que este é cocriado por nós e traz uma mensagem. Essa consciência faz com que exista uma diluição da sombra, nos oferecendo uma compreensão da mensagem que o evento nos traz e do que representa e ativa dentro de nós. Sob essa perspectiva, começamos a ver a realidade exterior de forma mágica, totalmente vinculada ao que precisa ser visto, encarado e incluído por nós.

*Nos abrirmos à luz e ao amor é
uma escolha interna muito profunda.*

MARIA GORJÃO HENRIQUES
Unidos num só coração

TODOS OS DIAS TEMOS O DIA E A NOITE

De dia, temos luz e SOMBRA, mas à noite, apenas sombra. À noite, são as estrelas que nos orientam a vida, que apontam o caminho para mais longe e mais alto.

Não conseguimos olhar para o Sol a olho nu porque, se o fizermos, podemos perder a visão. O Sol, ao representar a nossa consciência máxima, nos mostra até onde podemos ir nesta vida. E se efetivamente conseguimos captar algo dele, quando nos fixamos em demasia, corremos o risco de nos queimar ou nos cegar.

Por meio da observação da nossa biografia e das virtudes que desenvolvemos ao longo do nosso processo evolutivo, conseguimos perceber se estamos, efetivamente, fazendo um verdadeiro trabalho de crescimento espiritual.

Muito mais do que as coisas que dizemos, é o que pensamos e fazemos que manifesta e materializa a nossa verdadeira consciência. A autenticidade, a coerência, a verdade, aquilo que alcançamos em termos de consciência e o que conseguimos fazer com essa consciência no plano prático são o que efetivamente vão fazer parte do que transportamos como sensações de vida para a vida.

O SABER É IMPORTANTE, MAS NÃO É O FIM EM SI

Saber as coisas e concordar com elas é muito positivo e um bom começo, mas não é um fim em si. O fim está na experiência vivida, na forma como caminhamos, na biografia e na maneira como a nossa vida conta o que efetivamente somos capazes de pôr em prática acerca dessa verdade, transformando-a em coerência, e a consciência em amor. Esse é o maior desafio desta vida.

CONTRAÇÃO E EXPANSÃO

A VIDA É UM MOVIMENTO CONTÍNUO de contração e expansão. O nosso corpo não foge às mesmas regras: o coração contrai e expande, tal como os pulmões e os movimentos peristálticos, por exemplo.

O nosso corpo emocional também é submetido às mesmas leis de contração e expansão, essa é a razão pela qual temos estados emocionais que oscilam. Em alguns dias estamos bem, em outros, nem tanto. O convite à vulnerabilidade e à volatilidade do nosso corpo emocional é constante. Compreender essa impermanência é dar um grande salto de consciência, e dessa forma passamos a aceitar que somos o que conseguimos ser a cada momento, observando e aceitando que não é quando queremos, mas sim quando podemos.

**O movimento de expansão e contração
que ocorre em todas as camadas do
corpo é exatamente igual ao movimento
da Terra, do universo, das galáxias e do mar.**

Cerca de 70% da superfície da Terra é coberta por água, mas no fundo do mar existe apenas um território, um lugar onde todos nos tornamos um, porque habitamos um território comum.

Por outro lado, essa percentagem de água no nosso corpo nos mostra como somos, majoritariamente, corpos emocionais regidos pelas mesmas leis de contração e expansão que a Terra.

Consequentemente, é fácil compreender que este plano de encarnação e esta dimensão em que vivemos o nosso desafio de transformação são, essencialmente, emocionais.

O planeta Terra tem um satélite, que é a Lua, que representa a nossa parte emocional, o nosso inconsciente, as nossas fomes e fragilidades. A Lua, por sua vez, pela força de gravidade que exerce sobre a Terra, interfere nas marés, no mundo das águas superficiais e nos lençóis freáticos da Terra.

As emoções estão relacionadas à Lua e a nós, mulheres, mais do que os homens; sabemos o que isso representa por meio do ciclo menstrual, uma vez que, como mulheres que somos, estamos mais ligadas aos ciclos viscerais da própria Terra, pois damos à luz, temos um corpo que gera vida, como a Terra.

Mas esse satélite ao qual chamamos Lua não tem expressão nem dimensão estatística quando o colocamos em perspectiva com todos os planetas do nosso Sistema Solar.

O mesmo não acontece quando olhamos a "olho nu" para a Lua. A perspectiva que nos é oferecida a partir da realidade em que vivemos é a de que o diâmetro da Lua é sensivelmente igual ao diâmetro do Sol, quando, objetivamente, a sua dimensão não tem representação estatística perante a dimensão colossal da massa solar.

Em outras palavras, a ilusão em que vivemos neste plano é tão grande que vemos a Lua do tamanho do Sol! Essa é a razão pela qual existem eclipses solares que nos dão a ilusão de que a Lua tapa o Sol. Só que esse Sol representa 99,9% da massa existente no nosso Sistema Solar, e essa pequena e insignificante Lua não representa nada estatisticamente.

E como isso é possível?

Porque vivemos num plano de ilusões, projeções, em que a nossa mente interpreta o que vê como verdade, nos tornando cegos para uma verdade maior que se mostra de forma velada e sutil.

O universo é composto de planetas, luas, estrelas, galáxias e matéria escura, o que ainda não é explicável por não ser visível pelos meios científicos existentes nos dias de hoje.

Os estudos da radiação cósmica permitem determinar o conteúdo energético do universo. Sabe-se que este universo onde estamos tem quatro dimensões: uma dimensão temporal e três dimensões espaciais planas que permitem a propagação da luz numa linha reta entre uma fonte e um observador.

O estudo da radiação permite estimar que 73% da matéria do universo se distribui por toda a parte e que, por não ser luminosa, é designada como energia escura, ou seja, a maior parte da energia é chamada de "matéria escura", da mesma forma que o acesso à nossa consciência está velado e o iceberg não mostra cerca de 95% do que está debaixo d'água.

Só 4% da matéria do universo pode ser identificada como matéria que conhecemos: prótons, nêutrons, elétrons e outras partículas conhecidas. Da mesma forma, cada um de nós tem acesso a apenas cerca de 3% do seu consciente e pré-consciente. Parece haver uma relação entre todas essas porcentagens e a nossa condição humana!

A Lua representa arquetipicamente o inconsciente, e o Sol, o nosso lado consciente ou a consciência máxima.

Não temos como chegar ao Sol sem passar pela Lua, sem passar pelo inconsciente.

*Vivemos apegados a padrões
e com lealdades tão enraizadas
que nos autolimitamos ao
fluxo do amor.*

MARIA GORJÃO HENRIQUES
Unidos num só coração

Imagine um iceberg que vai nos representar como seres humanos num caminho evolutivo em relação ao que hoje sabemos sobre nós.

A ponta do iceberg é o Sol, simbolizando o consciente e o pré-consciente. Essa pequena parte visível do iceberg representa de 1% a 3% do total, ou seja, o ser humano tem acesso e domínio da consciência a, no máximo, 3% do todo. Toda a massa de gelo que não se vê num iceberg representa o inconsciente, aquilo que, não sendo compatível com a nossa supervisão, não conseguimos gerir e, assim, deixamos de lado. Representa tudo aquilo que nos foi oferecido pelos nossos antepassados e que foi reprimido e traumatizado, assim como tudo o que a alma escolheu recordar nesta vida.

Nesse processo de deixar de lado, a família passa para segundo plano por não conseguirmos lidar com aquela dor, e isso vai passando de geração em geração. No entanto, a dor vai se repetindo na história de cada geração até que alguém repare e olhe para o que precisa ser visto. Ou seja, são vidas e vidas, umas atrás das outras, na tentativa de repararmos o que não aprendemos em vidas passadas e, por isso, se encontra congelado ou em forma de nó.

Só que esse iceberg do inconsciente está também dentro de um mar gelado e essa água vai de iceberg em iceberg, passando a informação dos cristais. É a água que traz a informação, porque **a água é o único elemento com capacidade de transmutação e alquimia.** É sólida quando está congelada. É gasosa quando evaporada e cai sob a forma de chuva quando líquida. Por meio desse ciclo de transmutação, a água vai para os lençóis freáticos, entra na terra e é depurada pelas várias camadas subterrâneas, tornando-se cada vez mais pura.

Que lição podemos tirar de toda a transmutação do ciclo da água?

Podemos chegar até a água pura, desde que tenhamos a coragem necessária para mergulhar na nossa sombra e ir decantando, camada por camada, o que foi vivido na linha do tempo.

É PRECISO MUITO RESPEITO PELO NOSSO INCONSCIENTE E ESPERAR QUE ELE SE MOSTRE

O inconsciente se revela à medida que mostramos preparo para lidar com determinadas questões. Por isso, é muito importante não forçar nada. Se ainda não temos a capacidade para lidar com alguma dor, é porque ainda não chegou o tempo de a encarar.

Só conseguimos estudar todas as camadas do nosso ser quando mergulhamos em águas profundas.

Por quê? Porque precisamos experimentar no nosso corpo. Temos de observar, encarar a dor, lidar com ela, recordá-la, senti-la e abraçá-la, abraçar principalmente a parte de nós que a atraiu. Sentir, sentir, sentir para transmutar, acolher, integrar e amar.

ENQUANTO NÃO PASSARMOS PELA EXPERIÊNCIA, O QUE ESTÁ VELADO NÃO SERÁ REVELADO

Quando intelectualizamos a nossa vida, não estamos num plano de experiência vivida. Ficamos presos no plano do conhecimento, mas não conseguimos dar o salto para o plano da sabedoria. Esse plano de conhecimento é importante, mas não nos cura, porque o que está velado não é revelado. Por isso é que **a vida é uma grande escola, um grande palco de aprendizagem.**

É preferível aprender menos, mas que essa aprendizagem faça sentido não apenas no nível intelectual, mas que nos permita trazê-la para o corpo, sentindo essa verdade e a colocando a serviço da vida e da natureza. Só assim será possível fazer a síntese dessa transformação e dar os saltos quânticos que desejamos. **Enquanto não houver a transformação do conhecimento em sabedoria, não conseguiremos evoluir.**

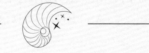

Quando mergulhamos nas águas profundas, encontramos a nascente cristalina das águas depuradas pelas aprendizagens da vida!

MARIA GORJÃO HENRIQUES
Unidos num só coração

O SISTEMA SOLAR PELA VISÃO ASTROLÓGICA

Falamos muitas vezes sobre onde temos o Sol no nosso mapa astral. Porém, é muito mais importante percebermos onde temos a Lua e como a vivemos, uma vez que não temos como abraçar a vida sem assumir as nossas fragilidades, carências, vulnerabilidades e tudo aquilo que a Lua representa.

Quando assumimos a nossa vulnerabilidade, nasce em nós uma força que nos permite olhar sem medo.

Abraçar o medo é o maior ato de força e empoderamento que podemos realizar, pois, ao deixar de temer, ganhamos a coragem, a ousadia, a confiança e a rendição que a vida nos exige porque simplesmente já não temos medo de nada, de forma que podemos ir em frente com a coragem, a ousadia, a confiança e a rendição que a vida nos pede.

No comando do carro ou, se possível, com o carro em piloto automático, agora quem quer ir para o banco do passageiro somos nós, pondo as qualidades da nossa personalidade a serviço da vida. Contudo, não são elas que mandam, limitando-se a ficar à espera do comando. E aí, sim, estamos vivendo o nosso Sol, respeitando a nossa Lua.

E os outros planetas do Sistema Solar, o que nos ensinam?

Marte, que é o primeiro planeta além da Terra, nos dá orientação e direção. Marte, sendo o primeiro planeta externo, simboliza a necessidade de conquista. Aqui termina a nossa componente pessoal e todo o nosso modus operandi em relação à nossa personalidade.

O QUE NOS DEFINE COMO PESSOAS SÃO O SOL, MERCÚRIO, VÊNUS, TERRA, A LUA E MARTE

Depois, como Júpiter leva algum tempo para dar a volta ao redor do Sol, há um intervalo de doze anos até alcançarmos **Júpiter** e **Saturno**, que representam os dois planetas sociais.

Júpiter é fé, a capacidade de acreditar, os ideais. Saturno é a nossa necessidade de sermos vistos, aprovados, valorizados, reconhecidos, compreendidos e elogiados, ou seja, é a necessidade de pertencermos.

Na Idade Média, o Sistema Solar terminava nesses dois planetas. Com os seus anéis, Saturno controlava e segurava os planetas pessoais para que nada fosse para aquele buraco negro que ninguém sabia o que era, o que lhe conferiu a função de contenção social, sendo visto, reconhecido, valorizado, apreciado. Mas, quando já não estamos presos na ideia da dimensão da nossa personalidade, quando nos rendemos e colocamos a nossa personalidade a serviço do movimento sistêmico da vida e do que há de maior em nós, Saturno transforma-se no senhor do tempo.

*Abrace a sua dor para
conseguir abraçar a vida!*

MARIA GORJÃO HENRIQUES
Unidos num só coração

O TEMPO É O NOSSO MAIOR MESTRE

Saturno nos ensina que, nesta encarnação, **o tempo é o nosso maior mestre, porque nada é quando queremos, mas sim quando podemos.** Há coisas e momentos de expansão de consciência que só acontecem com o avançar da idade, ou seja, requerem uma determinada predisposição.

Existem estes grandes ciclos na nossa vida:

1. O nascimento, que é um primeiro ciclo de **aprendizagem**. Os primeiros 28 anos, ciclos de Saturno.
2. O segundo ciclo é a **construção**, e vai dos 28 aos 56 anos.
3. O terceiro ciclo é o da **realização**. "Não posso querer me realizar enquanto ainda estou construindo", que vai dos 56 aos 84 anos.
4. O quarto e último ciclo, o da **doação**, a partir dos 84 anos.

Para evoluirmos, precisamos passar pelo ciclo da realização, que, por sua vez, requer tempo. Mas a realização não se coaduna com a velocidade do tempo da vida moderna. Implica tempo dentro do próprio tempo, e para isso não podemos estar voltados para os resultados, mas antes para a expressão da vida por meio daquilo que é feito.

A vida que atualmente todos experimentamos é de construção para a afirmação, não de construção para a realização. Isso acontece porque perdemos, há muito tempo, o vínculo com o ser. Por isso é que todos estamos mais presos ao fazer e ao ter do que ao ser.

URANO, NETUNO E PLUTÃO TAMBÉM TÊM ALGO A DIZER

Voltando ao Sistema Solar, o planeta Saturno completa esse primeiro grande ciclo e, em seguida, o Sistema Solar é duplicado com a chegada de Urano. A distância entre o Sol e Saturno é a mesma de Saturno a Urano. Assim, temos os **"planetas" pessoais** (Sol, Mercúrio, Vênus, Lua e Marte), os **planetas sociais** (Júpiter e Saturno) e os **planetas transpessoais** (Urano, Netuno e Plutão), **que nos falam da nossa dimensão divina na Terra**, das mensagens que o divino tem para nós, do projeto espiritual de cada um.

Urano nos transmite o pensamento de Deus, a verdade e a liberdade. Netuno traz consigo a intuição. Plutão surge para falar sobre o poder da alma. Todos trazem uma componente, uma característica, uma bênção, uma bandeja de recursos espirituais que, neste momento da humanidade, quase não utilizamos, pois estamos tão presos nos anéis de Saturno que há pouca diferença para o período da Idade Média, em que até mesmo a liberdade de expressão era frequentemente perdida.

O SISTEMA SOLAR TAMBÉM CONTA A NOSSA PROPOSTA EVOLUTIVA

Para termos uma visão sistêmica, precisamos ter um pouco de visão de tudo, para encontrarmos significado profundo em tudo o que nos é apresentado, desde a astrologia ao feng shui, às constelações e até mesmo às ferramentas transgeracionais. **Tudo o que está a serviço da vida conta e fala sobre nós e o nosso processo de individualização.** É por meio dessas ferramentas que trabalhamos para praticar e **viver a transformação no nível do corpo e da nossa própria vida** e para entendermos como podemos alcançar essa transformação.

> É absolutamente maravilhoso
> como podemos descobrir a verdade
> pela observação da natureza
> e do que nos rodeia.

Na visão sistêmica, uma das coisas mais difíceis de alcançar é a nossa capacidade e flexibilidade para ver além da nossa própria realidade e perspectiva. Voltando às metáforas: quando uma onda do mar quebra, movimenta toda a água e traz consigo uma série de informações e partículas que estavam estagnadas e até mesmo cristalizadas. Uma boa tensão e um bom conflito geram um movimento necessário para agitar as águas, trazer à superfície a sujidade e as sombras que estavam escondidas, a fim de podermos filtrar essa água. Não estou dizendo que devemos procurar constantemente os conflitos, **mas um conflito benéfico é essencial para criar um movimento de verdade.** É por meio desse movimento que ocorrem a transformação, a alquimia, a cura, a purificação e a decantação.

NINGUÉM MUDA QUANDO ESTÁ CONFORTÁVEL

Muitas vezes, o ser humano coloca-se em situações extremamente desagradáveis, e é nesses momentos que surge um movimento que, de outra forma, não teríamos coragem de fazer. Quantas pessoas estão confortavelmente sentadas no seu desconforto?

*Como viver o eu se estou
identificado com o exterior?*

MARIA GORJÃO HENRIQUES
Unidos num só coração

Da mesma forma, as ondas do mar não estão separadas umas das outras. No entanto, é mais fácil compreender isso quando olhamos para um lago. Todos já fizemos a brincadeira de pegar uma pedra e lançá-la num lago. A pedra cai, cria uma onda, que cria outra, e outra, e outra... Esse é um excelente exemplo do que é o efeito sistêmico. E o que nos mostra? Algo que muitas vezes não estamos conscientes e que ignoramos durante grande parte do tempo. **A primeira onda que vemos, normalmente a mais forte, também é a mais curta, intensa e energética. No entanto, as outras ondas expandem essa energia, porque todas estão interligadas. Todas fazem parte do mesmo momento inicial, quando a pedra cai.**

NÃO EXISTEM MOVIMENTOS SEPARADOS; TUDO ESTÁ INTERLIGADO

Quantas vezes na vida tivemos um episódio, depois outro, e outro ainda, e pensamos: "Isto não se relaciona com aquilo". Como assim não se relaciona? Tudo está interligado. Não existem eventos separados. As ondas do mar, em toda a sua magnitude, quebrem ou não, estão todas interligadas, pois têm uma cadência, assim como o pulsar do coração, os movimentos peristálticos e a respiração dos pulmões.

A respiração do mar acontece pelas ondas. A pulsação do mar ganha vida por meio das ondas, assim como o inconsciente da Lua brinca desde a noite escura até a lua cheia, a lua nova, o quarto minguante, o quarto crescente e a lua corcunda. Todos esses movimentos da Lua estão interligados e influenciam as marés.

O importante é perceber que a água é a mesma, mas **são os movimentos que criam essa maior ou menor intensidade.** Tudo está interligado, desde a primeira até a última onda, num movimento sistêmico em que **a interligação está unida por um fio invisível e um enlace de unidade igualmente invisível.** Tal como nós estamos ligados à nossa família, tal como estamos conectados com as nossas vidas passadas e emaranhados em uma teia invisível de amor.

A impermanência do mar reflete a oscilação das nossas emoções.

| Sugestão |

Sempre que você tiver um tema emocional para resolver, não o encare como dissociado (isolado) de todas as outras experiências da vida, porque, ao fazê-lo, você está perdendo o essencial, ou seja, está passando ao lado daquilo que a vida tem para lhe mostrar nesse exato momento, daquilo que você ainda não sabe o que é, mas que precisa recordar e aprender e que é necessário para a sua evolução.

DIVERSIDADE DE PONTOS DE VISTA DA MESMA REALIDADE

COMO JÁ VIMOS, CADA PROGENITOR NOS DÁ 50% da primeira célula, mas essa porcentagem traz consigo a totalidade de todas as suas histórias emocionais; os silêncios, os excessos, as vergonhas, os talentos, as conquistas, tudo aquilo que eles são. Tudo isso nos é dado naquela que é a nossa primeira célula. Mas não são apenas as experiências emocionais dos nossos pais, são também dos nossos avós, bisavós e de todos os nossos antepassados. Tudo está nessa primeira célula.

EXISTEM CONDICIONAMENTOS QUE LIMITAM E RESTRINGEM A NOSSA NATUREZA DIVINA E QUE ADVÊM DOS NOSSOS ANTEPASSADOS

Não são só os condicionamentos que derivam da nossa infância que nos moldam, mas também os condicionamentos que trazemos na nossa biologia. Quando olhamos para algo de uma certa maneira, na maioria das vezes o nosso olhar é influenciado pelo olhar dos nossos pais, que não só nos deram o seu olhar pela nossa primeira célula, como também nos educaram de determinada forma, o que condiciona totalmente o nosso olhar sobre a realidade.

Em Portugal, existem umas balas que se chamam Flocos de Neve, que têm um embrulho de papel vermelho. Quando era criança e comia uma bala dessas, retirava o papel e via a realidade através daquela película vermelha. Depois, quando comia outra, acrescentava mais um papel, e assim sucessivamente, só para ter a experiência de ver a partir de uma perspectiva totalmente diferente.

É disso que falamos quando nos referimos à consciência sistêmica.

É tão avassalador e uma mudança de paradigma tão grande que quase implica ver a vida a partir de um outro lugar. Só que esse outro lugar e esse ponto de vista são naturalmente desafiadores para o ser humano.

A NOSSA VIDA É UMA SEMENTE QUE CONTÉM EM SI TUDO O QUE JÁ É

Uma semente de carvalho é um carvalho. Mas não tem a experiência de ser carvalho. Só tem a experiência de ser semente, porque ainda não foi lançada à terra, ainda não se abriu, ainda não se rasgou para se transformar num carvalho colossal.

Nós, e a maioria dos seres humanos, somos "sementes". Somos sementes dentro de sacos; uma analogia que pode não ser muito boa, mas é verdadeira. Não é uma imagem muito bonita, mas é real.

Despertar para o amor ilimitado que habita em nós é viver o MISTÉRIO que transforma as nossas vidas!

MARIA GORJÃO HENRIQUES
Unidos num só coração

Quando não sabemos quem somos e tentamos ser aquilo que acreditamos que os outros esperam de nós, quando tentamos agradar e receber amor ao sermos alguém que não somos, mas que devíamos ser para satisfazer o outro, nos afastamos cada vez mais da nossa natureza e, consequentemente, perdemos a experiência de ser. Sem essa experiência, nos assemelhamos a uma semente contida num saco, aprisionada num celeiro à espera de ser semeada.

A verdadeira experiência de ser surge apenas quando aceitamos conscientemente abraçar um caminho espiritual de transformação e compromisso.

O compromisso é o arquétipo e a virtude mais importante do amor. Não existe amor sem compromisso, pois, quando amamos alguém, sentimos dentro de nós um compromisso com a outra pessoa.

Continuando na nossa metáfora: a semente é lançada à terra, no escuro que a envolve, e é um carvalho, embora ainda não tenha a experiência de ser um carvalho, mas é o yin e o yang. Representa todo o seu potencial, mas carece da experiência.

Reitero essa ideia diversas vezes, porque é crucial para nós, seres humanos, percebermos que, **quando sentimos a experiência de ser, quando vivenciamos essa experiência, então, sim, iniciamos um caminho espiritual**. Dessa forma, saímos do celeiro, de dentro desses sacos, e nos permitimos ser lançados à terra.

A partir desse momento, enfrentamos uma experiência desafiadora. E, nessa experiência de ser, a semente representa a primeira porta. Ser semeado é a segunda.

Considere agora a experiência de ser um ser humano dentro do ventre materno, em que, para nascer, tem de passar pelo canal de parto, sendo que está comprovado cientificamente que um adulto dificilmente suportaria essa dor.

Eu sou antes de encarnar. Ao encarnar, posso ou não vir a ser quem sou. Durante muito tempo, posso acreditar em ser algo que, na realidade, não sou.

Um dos caminhos mais desafiadores que temos de percorrer nesta vida é reconhecer quem somos, a nossa natureza única, criativa e singular, e que não existe outro ser igual a nós. Que todos possuímos um dom que se manifesta a serviço da vida, cooperando todos juntos para construirmos um mundo melhor. Neste mundo, nenhuma pessoa é mais importante do que outra, pois todas são necessárias.

Da mesma forma, todas as células do corpo são necessárias, nenhuma é mais importante do que a outra. E, quando uma célula se considera mais importante, o sistema imunológico intervém e diz: "Você, se autodestrua, pois não serve, pode gerar um câncer. Está saindo da linha do seu propósito e deixará de ser reconhecida por este corpo, colocando em risco o seu funcionamento!". **Quando não vivemos na nossa verdade, em total coerência com a nossa essência, começamos a criar autoimunidade ou a desenvolver células que não são compatíveis com o corpo, pois não estamos vivendo o nosso plano divino.**

Voltando à semente lançada à terra: imagine o peso de uma semente e o peso da terra que é colocada sobre ela. É verdadeiramente incrível! Mas a semente permanece lá embaixo, sob um peso muito superior ao seu. Primeiro, rompe a pele e cria raízes para, depois, começar a crescer. Até que uma ponta emerge da terra e vê a luz do Sol. No entanto, a influência dessa luz depende da parte de baixo, da terra que a sustenta. O mesmo ocorre com o nosso iceberg. O mesmo ocorre com a nossa família.

Não podemos ser quem somos no projeto que escolhemos para esta vida, na qual selecionamos o nosso pai, a nossa mãe e os nossos avós como os mais perfeitos do mundo para nos darem vida, sem os ter sustentando quem somos. Não podemos ser quem somos, ignorando tudo o que eles foram, porque simplesmente não conseguiremos crescer e frutificar.

O que acontece a uma árvore frutífera quando as raízes estão contaminadas?

Os frutos serão grandes, doces e saudáveis?

Essa árvore conseguirá produzir bons frutos?

Claro que não, pois as raízes que se alimentam dos lençóis freáticos e dos nutrientes do solo não têm onde buscar alimento.

As crenças limitam e o amor liberta.

MARIA GORJÃO HENRIQUES
Unidos num só coração

Então, essa semente, que é um carvalho, vai crescendo, produzindo galhos e mais galhos, explodindo em pontos de vista. Porque, a partir do momento em que se torna um carvalho, não tem dúvidas acerca da sua identidade e deseja vivenciar a experiência de ser um carvalho. Não pode dizer "quero ser um limoeiro", porque, sendo um carvalho, não dará limões. O mesmo acontece conosco.

Conseguimos perceber que todas as folhas daquela árvore pertencem ao mesmo carvalho. Do mesmo modo, o ser humano possui inúmeros pontos de vista. Todos nascem da mesma semente e estão interligados ao TODO que habita em cada um. No entanto, o ser humano não foi educado para viver e pensar dessa maneira. Não fomos preparados para isso.

Temos muitos pontos de vista, mas aceitar os dos outros é difícil, porque ainda estamos muito apegados ao nosso individual. Este nos dá a segurança necessária para lidarmos com as nossas dores, as nossas frustrações e os nossos medos. Então, como podemos abrir mão de algo que é essencial dentro de nós e aceitar que há outro ponto de vista capaz de nos desorientar por completo?

É PRECISO ROMPER COM OS ANTIGOS PARADIGMAS PARA REGRESSARMOS À NOSSA VERDADE

A consciência sistêmica nos ajuda a preparar as bases para aprendermos de forma confortável, saudável e segura, embora, por vezes, as aprendizagens também possam ocorrer de modo mais violento e desconcertante. Essa é uma maneira de lidar com os acontecimentos da nossa vida, encarando-os como aprendizagens que completam o nosso ser e nos permitem evoluir nesta experiência na Terra.

| **Reflexão** |

Proponho que você reserve alguns minutos para refletir sobre as seguintes questões:

Que tipo de árvore sou na existência da minha família?

Qual é a matriz principal da árvore genealógica da minha família de origem?

De onde venho? Para onde vou?

Como foram os destinos daqueles que vieram antes de mim? Como é que esses destinos reverberam em mim? Que frutos posso dar?

No processo evolutivo, nunca estamos dissociados, assim como uma folha não está separada dos muitos galhos da árvore e do que existiu no passado, mesmo que esteja esquecida e enterrada no solo.

| Uma curiosidade |

Para terminar essa metáfora da árvore, gostaria de acrescentar um fato curioso:

Quando visitamos um jardim mais antigo, especialmente os jardins públicos que existem há vários anos, é comum encontrarmos uma árvore imponente, de dimensões colossais, que normalmente tem as raízes à mostra. O que caracteriza essa árvore? Com o tempo e a antiguidade, ela permitiu que as suas raízes ficassem expostas, pois já realizou um trabalho suficientemente significativo para revelar um inconsciente que foi trabalhado. Ou seja, aquilo que estava enterrado no solo, muitas vezes troncos de raízes de dimensões consideráveis, revela-se em toda a sua dignidade e vulnerabilidade e fica visível aos olhos de todos.

Fazemos pactos de amor com os outros que nos permitem recordar, acolher e reintegrar o que de essencial precisa ser amado em nós.

MARIA GORJÃO HENRIQUES
Unidos num só coração

A TENSÃO QUE GERA O MOVIMENTO DA VIDA

As sensações são o motor da vida. O budismo explica isso de forma muito clara, pois aborda o conceito de *Sankara*, a energia que se transfere de vida para vida, a tensão que gera o movimento que nos faz passar de uma vida para outra.

Essa tensão é algo essencial que não é compatível com a nossa supervisão e com a nossa capacidade de assimilar a aprendizagem contida nessa experiência. No entanto, *Sankara* provoca diversas sensações com as quais podemos lidar por meio da consciência sistêmica: sensação de injustiça, abuso, perda de poder pessoal, traição, abandono.

Por exemplo, se morremos numa vida anterior com um profundo sentimento de injustiça, perdemos uma parte da nossa alma, perdemos um sentimento interno de justiça, que, caso o tivéssemos, sentiríamos reverberar dentro de nós. Ao perdermos esse atributo, reencarnamos com uma sensação de vazio que carregamos internamente e que resulta em sombra.

Consequentemente, surge a tendência a viver essa parte mais sombria e, para isso, são criadas, ainda que de forma inconsciente, todas as condições para que apareça alguém na nossa vida que nos proporcione a oportunidade de fazer essa aprendizagem.

É por meio de profundos pactos de amor (sendo os mais fortes estabelecidos com aqueles que estão mais próximos) que pedimos às pessoas que se transformem e nos ativem pelas suas atitudes e formas de ser e agir.

Inconscientemente, pedimos a essas pessoas que despertem as nossas dores.

Recorrendo novamente ao exemplo do iceberg, conseguimos perceber que só temos uma maneira de nos conectarmos com esse iceberg: ativá-lo conscientemente pela dor para assim termos a oportunidade de transformar o nosso inconsciente. Só dessa forma conseguimos entrar em ação e nos fundimos diretamente com o que está gravado e congelado dentro de nós. Ou seja, é pela nossa reação que respondemos às sensações, àquilo que é transmitido de vida para vida, de geração em geração.

SOMOS VICIADOS EM SENSAÇÕES

É necessário perceber o que nos leva a essa adição. Gerir a raiva requer muita energia. No entanto, essa energia também evoca muitos talentos, pois alguém que depende do conflito e da intenção conflituosa também produz muita energia para agir e descobrir coisas dentro de si. O conflito pode ser uma forma de expressar a criatividade, pois por meio dele descobrimos coisas sobre nós. **A sensação é o combustível para colocarmos o nosso carro em movimento.**

No sistema familiar em que estamos inseridos, somos impulsionados por sensações que se harmonizam com aquelas que trazemos de uma vida passada. Ou seja, dizemos que esta família é certa para nós porque vivemos todos de acordo com as mesmas sensações, a mesma vibração.

Existe uma correspondência vibracional, logo somos atraídos uns pelos outros.

Sugestão de exercício

A sensação é um dos componentes mais importantes para descobrirmos o que nos move no nível do inconsciente.

Então, a minha sugestão é que você faça uma lista das suas principais sensações.

Escreva num papel a sua história de vida e, ao lado, vá escrevendo, como se fossem apontamentos, o que sentiu perante aquela situação, perante aquele acontecimento marcante. Qual foi a sensação vivida nesse momento?

Ao olhar para as sensações, você vai notar que a maioria delas se repete.

Assim, vai conseguir observar as sensações do seu clã familiar e identificar quem é que também se sentia assim.

Quem mais viveu com essa dor, essa sensação e essa impossibilidade?

Haverá um momento de revelação em que você vai compreender quem é a pessoa à qual está ligado por um pacto de amor maior, porque é graças a ela que você pode recordar o seu propósito de vida e trabalhar essa sensação.

Esse é um exercício muito bonito, pois estamos falando de amor com dor para ser transformado em amor com consciência.

A partir daí, surgem a aceitação, a consciência e o discernimento sobre a realidade. **Transformamos, então, o amor com dor em amor com consciência, ou seja, em cura.**

Isso também significa que podemos voltar a amar a parte de nós que deixamos de amar, devolver à nossa avó, bisavó, a quem quer que seja, o seu destino, a sua responsabilidade, a parte da sua alma que carregamos, e podemos continuar a lhe pedir autorização e a bênção para prosseguir e construir à nossa maneira. Para que ela nos olhe com bons olhos quando aceitamos, pedimos e nos dispomos, **de modo que o nosso destino daqui para a frente possa ser, efetivamente, nosso.**

SÓ QUANDO IDENTIFICAMOS O PADRÃO FAMILIAR QUE CARREGAMOS É QUE PODEMOS COMEÇAR A CONSTRUIR A NOSSA FELICIDADE

Enquanto não realizarmos um ritual iniciático que nos permita ter consciência do padrão familiar que carregamos, o nosso inconsciente não se sentirá digno de felicidade e sabotará constantemente a nossa capacidade de sermos felizes.

Mas, quando reconhecemos esse padrão, no momento em que desejamos ser felizes, aí temos a capacidade para criar as condições indicadas, a fim de conseguirmos e sentirmos autorização para fazer diferente do que foi feito pelos nossos antepassados.

*Tudo o que acontece
é para o nosso bem
supremo e para o florescimento
da nossa alma.*

MARIA GORJÃO HENRIQUES
Unidos num só coração

CAPÍTULO 6

A FAMÍLIA COMO LEGADO SAGRADO E ESPELHO DA MINHA ALMA

REPETIÇÃO DE PADRÕES FAMILIARES

Como a vida do ser humano tem sido facilitada, a sua psique não passa por situações com as quais os seus antepassados tiveram de lidar. É como se a psique ficasse semelhante à de uma eterna criança que ouve histórias infantis, vezes e vezes sem fim, sem nunca ter a noção da realidade que as pessoas antigamente tinham devido às situações difíceis pelas quais passavam.

Qual é a diferença entre essas histórias, como *Chapeuzinho Vermelho*, por exemplo, e a quantidade de repetições do padrão familiar que, ano após ano, vivenciamos?

As repetições dos nossos destinos têm um propósito, porque, mesmo que não sejam compatíveis com a nossa supervisão, à medida que ocorrem pela primeira, pela segunda, pela décima vez, começamos a integrar essa história em nós, até, finalmente, nos aceitarmos e amarmos por meio dessa mesma história.

Lembremo-nos de que não há uma onda dissociada da outra. Então, se continuamos a atrair aquele tipo de padrão, é porque ainda não aprendemos tudo o que precisamos aprender sobre esse padrão. A essa altura, o nosso inconsciente diz: "Ainda não é suficiente para seguir em frente para uma nova história. Fique aqui um pouco mais até que você possa reter toda a aprendizagem e ame todas as partes de si que ignorou até agora; todas as partes para as quais não olhou, que rejeitou e não abraçou".

Logo, **não existe diferença entre essas histórias e a nossa vida.** Os arquétipos estão todos lá, assim como os roteiros. O trauma está lá. As dificuldades estão lá. A proposta evolutiva está lá. A expansão da consciência está lá. O amor está lá.

| Reflexão |

Proponho que você reserve alguns momentos para refletir e reconhecer quais são as histórias que se repetem no seu clã familiar.

Consegue perceber de que forma elas se impõem?

Isso acontece porque existe um complexo, um trauma que se manifesta e precisa ser visto e reconhecido dentro de você.
Reconheça as suas histórias. Traga essa visão sistêmica para a sua vida. Você verá que a sua vida começará a mudar.

AS LEIS DE BERT HELLINGER

O PAI DAS CONSTELAÇÕES FAMILIARES, Bert Hellinger, nos presenteou com as Três Leis do Amor. **Um sistema será tanto mais saudável quanto maior for o respeito por cada uma destas ordens.**

As Três Leis do Amor são:
- ♦ Direito a pertencer.
- ♦ Ordem.
- ♦ Equilíbrio entre dar e receber.

Vamos, então, aprofundar cada uma dessas ordens.

DIREITO A PERTENCER

É o processo que une os indivíduos de um mesmo sistema, dando-lhes o direito a pertencer.

Todo mundo tem o direito a pertencer.

Quantas vezes vemos um elemento de uma família sendo excluído, ignorado, posto de lado por vergonha, dor?

*Nas profundezas do mar,
não há continentes nem separação.
A Terra é uma só.*

MARIA GORJÃO HENRIQUES
Unidos num só coração

Esse elemento não é visto, ninguém olha para ele. No entanto, se essa pessoa, seja um avô ou uma avó, está dentro de nós (pela biologia que nos é transmitida pelas células), há uma parte do nosso corpo que não estamos aceitando e acabamos por viver isso sob a forma de uma doença ou um sintoma predominante, pois é esse o modo como o corpo e a mente inconsciente gritam por aquilo que precisa ser visto.

Existe uma diferença entre exclusão e evolução.

Quando estamos num grupo e não concordamos com o modo como ele opera, questionamos a nossa permanência nesse grupo, ou seja, o grupo tem as suas regras, as suas leis, e, se não estamos de acordo com elas, temos de sair. Então, saímos conscientemente, porque aquelas regras não são compatíveis com a nossa consciência e supervisão, portanto, para sermos quem somos, não podemos estar ali.

Não é uma autoexclusão, é uma **evolução**. Não vamos ficar zangados com as pessoas, mas antes manter um relacionamento de amor. Podemos nos encontrar com essas pessoas de vez em quando, apenas já não partilhamos ou comungamos daquela forma de estar, e não queremos mais fazer parte daquele grupo, mas podemos continuar a amizade.

No entanto se formos excluídos ou formos contra as regras, não como uma evolução natural, mas como um ato de resistência contra elas, aí, sim, colocamos seriamente em xeque a nossa permanência no clã, e isso pode resultar na **exclusão**.

Quando o ser humano ainda vivia em tribos e um dos membros era excluído, a chance de não sobreviver era enorme, porque, ao sair daquela comunidade, daquele local e daquela aldeia, os perigos eram muitos — os animais, a possibilidade de ser caçado ou tornar-se refém de outra tribo que não fosse amigável. Isso significa que, ainda hoje, **a importância do direito de pertencer nasce de forma arcaica num nível mais profundo das nossas células**, e, se formos excluídos, encararemos isso como uma sentença de morte. No entanto, não conseguimos decodificar conscientemente essa dor que carregamos e sentimos. Mas a verdade é que ela existe e está presente.

**Ser excluído de um grupo/sistema
é viver um medo de morrer.**

Vamos supor que trabalhemos numa empresa e não fomos chamados para uma reunião. Nos sentimos excluídos daquele projeto. É como se a nossa posição na empresa estivesse em risco e a qualquer momento pudéssemos ser despedidos. O que é isso senão o medo da morte?

O medo de não ter condições para viver, para nos sustentarmos. Esse sentimento é muito sutil, mas penetra até a essência da nossa célula, do arquétipo e do complexo, criados ao longo de anos e que carregamos nos ombros, que é o medo da morte. Portanto, **ser excluído é vivido e entendido, pelo corpo e pelo inconsciente, como se estivéssemos tendo uma experiência de morte**, razão pela qual é tão intenso.

ORDEM

Cada elemento possui sua posição específica e desempenha um papel determinado de acordo com seu local de nascimento.

Temos **quatro ciclos na vida que devem ser respeitados**:
- **Aprendizagem.**
- **Construção.**
- **Realização**: aqui temos a sabedoria dos anciões da família, que já tiveram a experiência vivida e sabem, ou seja, os mais novos não podem querer ser arrogantes em relação aos mais velhos.
- **Doação**: já nos realizamos e podemos apenas partilhar e doar.

A inversão da ordem é um dos atos de maior arrogância que um ser humano pode impor a si mesmo.

Por exemplo, a arrogância dos filhos que julgam saber mais do que os próprios pais provoca a inversão dessa ordem. É essencial a humildade de ocupar o lugar de filhos, como pequenos, que receberam a vida dos pais, que são grandes.

A ordem implica que quem viveu antes interfere na vida de quem vem a seguir. E aquilo que é a sua vida, aquilo que faz no dia a dia, influencia e enriquece, ou enfraquece, o legado de quem vem a seguir.

EQUILÍBRIO ENTRE DAR E RECEBER

Os pais concedem vida aos filhos, enquanto estes recebem a vida dos pais. Essa dívida para com os pais só é "paga" quando nos doamos a serviço ou quando damos a vida a alguém, perpetuando assim o clã familiar por meio dos descendentes. Se, por alguma razão, não for possível, porque há pessoas cujos destinos não passam por ter filhos, que não nasceram para ser pais e cujo corpo também não lhes permite ter filhos ou não querem ter filhos, então essas pessoas podem contribuir para sociedade por meio de projetos sociais ou doando-se para reequilibrar o dom da vida que os seus pais lhes concederam.

Quando não recebemos a vida dos nossos pais por inteiro, continuamos a sentir pela vida afora o desequilíbrio entre dar e receber, porque a nossa alma não está preparada para abraçar a vida com tudo o que ela tem para nós. Se não tomarmos o essencial em primeiro lugar, poderemos cair numa cobrança sem fim, porque, na verdade, continuamos a procurar, dentro de nós, o abraçar da vida por inteiro na sua origem.

No budismo, acredita-se que temos uma dívida para com os nossos pais impossível de ser paga nesta vida. Bert Hellinger, porém, é mais conservador e nos diz que pagamos **quando nos doamos ou quando damos a vida a alguém.**

"Aprendemos a ser filhos quando somos pais e aprendemos a ser pais quando somos avós."
BERT HELLINGER

Com certeza, é uma experiência tão profunda que não pode ser explicada apenas com palavras. Aqueles que já são pais, mães, avós ou avôs e estão do outro lado lendo isso sabem que seus corpos reconhecem naturalmente essa verdade.

*Existe muito medo de pensar
na vida como um todo, porque nos
leva a olhar para a morte.*

MARIA GORJÃO HENRIQUES
Unidos num só coração

Sugestão de exercício

Exercício poderoso de tomada de consciência

Quando você tiver um problema por resolver ou uma questão para clarificar, pense no problema específico e se faça as seguintes perguntas:

1. Quem está sendo excluído deste problema? Há alguém excluído e não sendo visto e reconhecido aqui?

2. A ordem está sendo respeitada ou há alguém fora do seu lugar?

3. Há desequilíbrio entre dar e receber neste problema específico?

A maior parte dos problemas da nossa vida se resolvem com essas perguntas. **Olhando para o problema com verdade, sinceridade e coragem, teremos as pistas necessárias para repor a verdade e dissolver o problema**, ousando assumir a ignorância que mora em nós sempre que negligenciamos essas três leis.

O CONFLITO É INTERIOR E O PROBLEMA É EXTERIOR

O problema esconde sempre um conflito. Este se torna real para que possamos ver o que precisamos, mas a origem é nossa e o conflito geralmente surge do não cumprimento dessas leis ou ordens.

COMO HERDAMOS A INFORMAÇÃO DA FAMÍLIA?

Herdamos programas e condicionamentos que sempre estiveram instalados — tal como os aplicativos instalados no nosso celular — e que, mesmo sem notarmos, consomem parte da nossa energia vital/bateria.

Vamos imaginar que carregamos a bateria do celular até os 100%. Saímos de casa pela manhã e chegamos à hora do almoço quase sem bateria. E pensamos: "O que aconteceu com o celular para ficar sem bateria? Não fiz nada! Ficou ali na mesa o tempo todo".

Talvez tenhamos aberto aplicativos e não os tenhamos encerrado, o que significa que continuaram rodando em segundo plano, consumindo a bateria do telefone!

É exatamente isso que acontece com as **lealdades inconscientes** que cada um de nós vivencia em seu sistema familiar.

Temos programas que são abertos e consomem parte da nossa energia vital porque estamos a serviço de algo maior em nome do sistema e também por nós mesmos.

——— ———

Isso acontece porque numa vida passada tivemos uma experiência semelhante e estamos refletindo essa correspondência, ou seja, escolhemos esse destino. No entanto, a verdade é que estamos gastando energia vital ao lidar com um tema que possui uma força dentro de nós muito maior do que aquela que aparenta à superfície. Estamos carregando uma mochila cheia das pedras não só da nossa avó, mas também das nossas bisavós e trisavós, além das nossas próprias pedras. E quando carregamos essa carga, o programa consome a bateria do nosso celular, pois está a serviço da vida. Assim, os aplicativos do celular revelam o nível de lealdade inconsciente que temos em relação a um determinado processo, seja ele vindo da nossa mãe ou do nosso pai, e isso consome a nossa energia vital.

No entanto, alguns desses aplicativos podem nunca ter sido abertos, e, de um dia para o outro, distraídos, passamos o dedo por ali e, de repente, abrimos algo que não sabemos o que é nem como usar. Essa é a dor que ficou por resolver e libertar dentro do nosso sistema familiar.

Essa dor ainda hoje está viva dentro da memória do clã, porque o **destino do passado também é o destino do presente**, e tudo o que não ficou resolvido no passado chama os seus descendentes para reparar, muitas vezes ao preço do seu próprio destino, sofrendo injustiças, dores e silêncios, entre outras sensações.

É importante ter em consideração que **o inconsciente tem duas características: é atemporal (vive fora do tempo e não está ligado ao tempo) e não se interessa pela realidade, ou seja, não se restringe nem se preocupa com o momento que escolhe.**

Não tenho como fazer o trabalho pelos outros, mas tenho como fazer o trabalho por mim. Contudo, enquanto tento fazer pelos outros, não faço o meu.

As virtudes são o caminho para
assumir a nossa natureza
divina na Terra.

MARIA GORJÃO HENRIQUES
Unidos num só coração

O importante é entender que, por mais que nos esforcemos, **há coisas que não podemos fazer pelos outros** nem ninguém pode fazer por nós.

O que é mais importante nesta vida só pode ser feito por nós, e ninguém consegue nos substituir.

Não podemos tomar banho por outra pessoa, não podemos dormir e descansar no lugar de outra pessoa, não podemos absorver os alimentos por outra pessoa, não temos como fazer a digestão por outra pessoa nem como respirar por ela. É preciso despertar da ilusão e perceber que querer ajudar o outro é uma forma de superioridade que tira a força e a responsabilidade do outro.

Somos peregrinos desta vida. Somos peregrinos espirituais que decidimos caminhar neste plano de encarnação. Como peregrinos, é muito mais importante a forma como fazemos o caminho do que o lugar aonde chegamos, **porque, na verdade, o lugar de chegada seremos sempre nós.**

Por isso, é preciso aprender a amar sem querer mudar, sem querer controlar, sem querer definir a vida do outro, permitindo que ele seja o que consegue ser momento a momento. É preciso abandonar a versão da criança que quer salvar todos e acha que ainda pode salvar o mundo; deixar cair a ideia peregrina do "foram felizes para sempre". Essa ideia nos afasta da nossa natureza divina.

É importante compreender que não curamos os nossos antepassados. Podemos devolver a eles a dignidade e o lugar dentro do clã, reconhecendo a sua história, o seu sofrimento e sacrifício, e ao mesmo tempo identificando a história deles dentro de nós. Esse reconhecimento já liberta toda a energia que está presa e ressignifica a história tal como ela havia ficado. O resto são eles que, no plano em que estão, recebem e podem, finalmente, ficar com o que é seu e evoluir.

A evolução do ser humano do estado de criança para adulto passa por reaprender a pensar, a sentir e a se descondicionar do passado. Por assumir a responsabilidade espiritual em todas as escolhas que faz e libertar pais e educadores, porque todos já fizeram e doaram de si mais do que o suficiente. **Só assim nos tornaremos conscientes e capazes de semear e viver a vida que merecemos neste plano.**

Ao contrário do que acontecia nas escolas e sabedorias antigas, **hoje não se ensina mais a pensar.** Dá muito mais trabalho governar seres conscientes que têm uma missão, visão e objetivos. Homens e mulheres fracos são os que permanecem enjaulados dentro da sua autolimitação, sem conseguir sair de lá ou ter um pensamento sistêmico e amplo. Estão reféns da aceitação do exterior, sem autonomia e totalmente dependentes do outro.

| **Reflexão** |

Proponho as seguintes questões para reflexão:

Se você é pai ou mãe, como está educando o(s) seu(s) filho(s)?

Você dá ordens ou ajuda a fomentar a sua individualidade?

Qual é o lugar que você ocupa na sua vida? Adulto ou criança? E que lugar quer ocupar?

Quer ser responsável e desenvolver a virtude da responsabilidade e do compromisso?

O que você quer para si? O que recebeu com a sua educação e o que vai fazer com isso? De onde vem e para onde vai?

Você pode pensar que, como recebeu determinada educação, já não pode fazer ou alterar nada. Mas claro que pode!

Não basta aceitar o pai e a mãe como são, é necessário aceitar a parte de mim que os interpretou dessa forma.

MARIA GORJÃO HENRIQUES
Unidos num só coração

QUE ATITUDE VOCÊ ESCOLHE TER?

V͏ou agora usar uma analogia entre as várias camadas que constituem a terra e o nosso processo pessoal de lidar com as sombras.

Se eu quiser abrir um buraco na terra, precisarei fazê-lo por camadas:

- A primeira camada de terra é leve, basta usar os dedos das mãos.
- A segunda camada é mais densa, mais lamacenta, e já temos de remexê-la com as mãos.
- À medida que vamos abrindo o buraco na terra, vamos tendo mais densidade e já será preciso uma pá ou picareta para cumprir nosso objetivo.
- Chegará um momento em que encontraremos pedras, depois metais pesados.
- Continuando, chegaremos a encontrar pedras preciosas, ou seja, pedras que foram submetidas a altas pressões e temperaturas, e, por isso, se tornaram preciosas.
- Depois, lava.

Se retiramos uma amostra de terra, uma grande fatia vertical, conseguimos observar as diferentes camadas: terra seca, terra argilosa, terra mais escura e, em seguida, pedras, granito, metais pesados, água e até magma. Agora, vamos ver camada a camada e analisar qual é a correspondência com a nossa vida e o nosso processo evolutivo.

Podemos remover a primeira camada de terra e, ao fazê-lo, mexemos na nossa sombra, pois estamos abrindo um buraco na terra, cavando mais fundo. E está tudo bem. Vamos sujar as mãos, mas faz parte.

Depois dessa primeira camada de terra seca, que é o nosso primeiro trabalho terapêutico, quando assumimos e abraçamos um caminho terapêutico para com nós mesmos, sabemos que temos um caminho a percorrer.

Deus dá a roupa conforme o frio.

Nada nos é dado a menos que sejamos capazes de suportar. É maravilhoso como a vida nos mostra e nos dá exatamente aquilo de que somos capazes.

Ao escarafunchar um pouco mais de terra, entramos num lamaçal mais denso e talvez precisemos de uma colher, pois é uma camada mais compacta, mais pesada. Já temos a primeira experiência da nossa primeira sombra e, quando a retiramos, ela fica em contato direto com o céu, porque já removemos aquela camada de terra. Então, algo mais profundo, intenso e forte emerge, pois agora há espaço para que isso aconteça.

Quanto mais trabalhamos a nossa sombra, mais ferramentas adquirimos para lidar com ela e maior é a nossa capacidade e consciência para tal.

À medida que descemos nas diversas camadas da terra, encontramos uma densidade cada vez maior. Começamos usando apenas as mãos, depois passamos para uma colher, depois para uma picareta para quebrar e trazer à superfície o que já não pode ser alcançado de outra forma. Daí, temos de ir buscar outras ferramentas que resistam ao granito e assim por diante. Porém, sempre que algo é retirado e trabalhado, fica exposto. E é assim com a nossa sombra.

A partir do momento em que ousamos olhar para dentro, há uma espécie de conspiração divina que diz: "Uau, ele aceitou olhar, vamos lá! Todo mundo em fila". E os traumas lá se colocam todos em fila para, um por um, terem a oportunidade de voltar à superfície para serem vistos e amados. Por isso, tal como vimos anteriormente, quanto mais luz, mais sombra, porque os recursos que trazemos permitem que a sombra mais profunda emerja. As ferramentas que necessitamos usar para olhar para ela já podem precisar de técnicas e processos terapêuticos mais profundos e, consequentemente, do apoio e auxílio de um profissional competente.

A SOMBRA É NUMINOSA

Assim, começamos a perceber que a nossa sombra é sagrada e compreendemos que, por detrás dessa sombra e desses metais mais pesados, há riqueza e propriedades curativas. Esses metais, que se transformam em pedras preciosas, trazem luz a algo sagrado dentro de nós que implora por ser resgatado, são metais que foram submetidos a altas temperaturas e pressão, tal como alguns eventos biográficos da nossa vida.

Assim, o que você deve compreender agora é que a sua sombra pode se transformar no seu diamante interior e nas suas pedras preciosas. Quanto maiores a pressão e a temperatura, e quanto mais fundo você vai, maior é o potencial de transformação e transmutação que poderá viver e sentir na sua vida. Por outro lado, quanto mais fundo vamos, mais feridas e traumas sistêmicos e coletivos abrimos, e, por isso, mais estaremos contribuindo para a mudança de paradigma do mundo.

Existem quatro tipos de pessoas:
- As que nascem da sombra para a sombra.
- As que nascem da sombra para a luz.
- As que nascem da luz para a sombra.
- As que nascem da luz para a luz.

Cabe a cada um de nós escolher qual atitude quer na vida.

Todos enfrentamos a sombra durante a nossa jornada, porém, alguns, por terem vivido mais vidas e adquirido maior consciência na espiral evolutiva, estão mais próximos, nessa escala de densidade, de ser suficientemente transparentes para expandir a sombra e passar pelo processo de iluminação, que envolve transcender mente e matéria. No entanto, o processo de iluminação com o corpo é sempre bastante relativo.

As pedras preciosas representam a antiga alquimia de transformar metal em ouro. E o que significa transformar metal em ouro? É a nossa transformação alquímica, a transformação da sombra em luz por meio do mergulho que fazemos em nós mesmos, alquimiando e nos transformando em sabedoria e luz.

**Podemos transformar a dor em sabedoria
ou em sofrimento.**

——— ———

A dor fará sempre parte da vida. A dor do nascimento, a dor do crescimento, a dor de cair no chão, a dor de levar um beliscão, a dor causada por palavras que nos ferem, a dor de ver partir alguém que amamos e cujo apego nos faz sofrer. Agora, **escolhemos transformá-la em sofrimento ou em sabedoria?** Essa escolha profunda representa uma atitude interna consciente que precisa ser trabalhada como uma virtude todos os dias!

O mais importante é o lugar a partir do qual oferecemos o melhor de nós. A forma como o outro recebe já é da sua responsabilidade!

MARIA GORJÃO HENRIQUES
Unidos num só coração

Só há uma forma de lidar com a dor:
Olhar para ela.
Dar-lhe o direito de existir.
Senti-la.

Dar-lhe o direito de ser vista e amada, e lhe perguntar o que quer de nós e para onde ela nos pede para olhar.

A parte de nós que vive a dor é a parte que mais precisa do nosso cuidado. A dor se intensifica se não for vista, tal como uma criança que faz uma birra para chamar a atenção. É como se nos dissesse: "Por favor, olhe para mim para que eu me possa libertar e transformar numa pedra preciosa". Então, escolhemos ser uma pedra preciosa, que, sendo sempre sagrada, possui o dom de cura e traz consigo a capacidade de ser um diamante, transformando e transmutando no nosso interior "o metal em ouro", nunca esquecendo que essa pedra, para se tornar preciosa, precisou ser submetida a altas temperaturas e pressão.

Você quer fazer alquimia com a sua vida?

Você tem a força e a vontade para iniciar esse processo! Quer colocar essa força a serviço da SUA vida?

Quer olhar para a sua dor e transformá-la em sabedoria?

Com coragem e no seu tempo, você vai olhar para cada uma das sombras e transformá-las em recursos?

Ou vai perpetuar o sofrimento que o deixa como uma vítima?

RITUAL DE INTEGRAÇÃO

Para que você possa integrar essa informação, proponho um ritual de integração.

Escolha uma pedra ou um cristal que simbolize a escolha que você decidiu fazer e coloque-o num local simbólico, em casa ou no escritório, para que sempre que olhar para lá se relembre desta decisão, ou seja, de que se trata de uma pedra preciosa de cura. Simbolicamente, você pode também optar por escolher uma pedra diferente para cada uma das dores que decide a cada momento transmutar, e, quando sentir no coração que a transmutação está concluída, liberte a pedra ou o cristal num local à sua escolha, devolvendo-o à natureza ou, idealmente, ao mar.

CAPÍTULO 7

COMO DESCOBRIR A INFORMAÇÃO PARA UM CAMINHO CONSCIENTE

OS VAZIOS EXISTENCIAIS

Antigamente, as pessoas viviam em aldeias e, de noite, reuniam-se em volta da fogueira para contar histórias. O mesmo acontecia aos domingos ou aos sábados, quando se reuniam e passavam horas à mesa partilhando conversas, comida, sorrisos, desabafos, recordações. Era um encontro com o mais profundo de nós, pois **cada história contada pela nossa família fala sobre nós, e o nosso corpo vibra em níveis sutis. Reconhecemos a autenticidade, a verdade, o campo energético e a frequência daquela(s) história(s), que muitas vezes ressoa(m) em nós.** Infelizmente, essa forma de contato familiar tem se perdido com a aceleração da vida e o modo como as pessoas vivem nos dias de hoje, em que quase ninguém tem tempo para visitar os pais ou estar em convívio com a família.

A IMPORTÂNCIA DE CONHECER AS HISTÓRIAS DA FAMÍLIA

É muito importante sabermos mais sobre a nossa família para:
- ◆ Conhecendo os destinos, as dores e os sofrimentos, conseguirmos observar os excessos.
- ◆ Conhecendo as histórias, observar as repetições.
- ◆ Conhecendo os condicionamentos e os segredos, observar a vergonha.

Então, recordando que o nosso corpo é a expressão do inconsciente e que nos é dado pela mãe e pelo pai, e que, por isso, biologicamente, temos em nós o registo de todas as histórias do clã familiar, a maneira de alcançarmos toda essa informação é, muitas vezes, pelas repetições, ou seja, **as nossas células, que são transmitidas geneticamente pelos progenitores, carregam as memórias de todos os elementos do clã familiar.** As memórias do silêncio, das dores, das conquistas, das alegrias, das vidas interrompidas, das vidas não vividas e das inacabadas são permanentemente ativadas para se libertarem da memória mórfica do campo e, assim, poderem ser sublimadas.

OBSERVE OS EXCESSOS, AS REPETIÇÕES E AS VERGONHAS

Quando temos uma sensação em relação a determinada situação, a determinado momento ou evento que nos causa uma dor imensa, podemos estar perante uma memória traumática do clã familiar que ficou congelada, acumulada e presa na linha do tempo. A essa altura, o evento que vivemos não justifica a dimensão da dor que sentimos nem a proporção exagerada que ganha na nossa vida diante da real situação a que estamos sendo submetidos.

Quando a dor é exagerada, é porque é sistêmica, ou seja, estamos acumulando uma sensação e uma emoção que vêm de trás, e, ao revivê-las, é como se se transformassem num copo transbordando de emoções. Uma simples experiência de injustiça pode se transformar numa dor de insuportável que, não sendo possível dominar, controlar e acomodar pela personalidade, será distribuída pelas pessoas à nossa volta. A sensação desperta o "Adamastor" que estava aprisionado na dor do clã e que, finalmente, tem como se expressar e emergir com toda a sua pujança através de um dos seus elementos.

Nesse momento, o que precisamos nos perguntar é se já vivemos algo semelhante em outras ocasiões, de forma a procurarmos compreender o efeito de acumulação que essa experiência provoca em nós. Muitas vezes, mesmo tendo essa consciência, fica claro que a dimensão da nossa dor não se justifica nem corresponde à gravidade das histórias que vivemos! É a dor demasiado grande para caber em nós? Se a resposta for sim, estamos perante uma situação em que podemos observar excessos.

| **Reflexão** |

Proponho a você as seguintes questões para reflexão:

A sensação que carrego em determinadas situações é proporcional ao que já estou vivendo ou é excessiva/exagerada em relação à vivência?

Esta sensação já se repetiu muitas vezes ao longo da vida e é por isso que dói tanto?

A FAMÍLIA POSSUI O QUE PRECISAMOS RECORDAR NESTA VIDA

Os excessos e a necessidade constante de repetir devem servir para nos fazermos a pergunta PARA QUÊ?, em vez de POR QUÊ?, de modo que, pela repetição, seja possível ganharmos consciência não apenas da nossa conexão ao clã, mas também da parte de nós que deixamos de amar ao não olharmos para dentro, ao não integrarmos e vivenciarmos dentro de nós a luz e o poder que possibilitam a resolução dessa situação.

EXCESSOS, REPETIÇÕES E VERGONHA

Esses são os principais pontos que nos mantêm presos às histórias, pedindo que elas se repitam para podermos denunciar e compreender que não há como fugir, pois é claro o que a vida está nos pedindo para aprender. Se escolhermos fugir da sensação, a vida vai se encarregar de tornar essa sensação ainda mais forte para nos obrigar a olhar para ela.

A dimensão daquilo que sentimos é proporcional à nossa resistência. E não é para nos causar dor, mas para nos dar a oportunidade de cura. Não para sermos vítimas, mas para a transformarmos numa oportunidade de cura.

A dor não é um posto. Se decidirmos ficar prisioneiros da dor, ela se transforma em sofrimento. Cabe a nós sairmos da bolha do sofrimento e transformar a dor em conhecimento, oportunidade e consciência. É quando fazemos esse movimento que transformamos o **Por quê?** em **Para quê?**

*Somos peregrinos da vida.
Mais importante do que o lugar
aonde chego é a forma como
percorro o caminho.*

MARIA GORJÃO HENRIQUES
Unidos num só coração

> Nesse movimento de transformação assumimos a nossa responsabilidade, que é a primeira grande virtude do caminho espiritual.

Enquanto não assumirmos a nossa responsabilidade, não poderemos ser os heróis da nossa própria vida. Ficaremos destinados a permanecer afundados na autocomiseração, ou seja, presos na nossa razão, estacionados no nosso ponto de vista e confortavelmente sentados no nosso desconforto.

Mesmo quando sentimos que temos razão, é sempre uma boa ideia assumir interesse pelo olhar do outro, pela realidade do outro, pois só podemos crescer quando olhamos para um ponto de vista diferente.

A razão é altamente subjetiva. Quando nos prendemos ao nosso ponto de vista, criamos uma forma de apego que nos impede de influenciar a transformação do outro; estamos impondo a nossa verdade. Ao fazermos isso, deixamos não só de ver o outro, mas também a nós mesmos. Logo, aqui estamos lidando com a aceitação. É preciso entender e aceitar que não conseguimos mudar as outras pessoas. Não conseguimos fazer com que vejam as coisas a partir do nosso ponto de vista. E, sempre que caímos nessa ilusão, nessa armadilha, criamos fontes de sofrimento. **Criamos para nós fontes de sofrimento ao não aceitarmos que não temos como mudar as outras pessoas e obrigá-las a ver pelo nosso ponto de vista.**

A dor é um sinal de alerta para parar e observar a realidade de um novo ponto de vista.

——— ———

E é por isso que dói, para que se pare e observe com atenção o campo sutil da mente e da matéria, para se perceber como o meio exterior e os acontecimentos exteriores atuam sobre nós e nos mostram o que precisamos ver.

A dor é a grande oportunidade que a vida nos oferece para não passarmos por ela em branco. Sem dor, não existe aperfeiçoamento nem crescimento e evolução. Sem dor, não existe mergulho interno. Sem dor, seríamos todos superficiais e leves, entretidos como se fôssemos normóticos, ou seja, poderíamos ficar confortavelmente sentados sem que daí resultasse algo de concreto tampouco uma mudança.

**A dor é a contração que leva ao movimento de expansão.
É a oportunidade de reunir energia para que aconteça a transformação.**

——— ———

Todo o processo de vida tem dor. O nascimento tem dor. Quando ainda é larva no casulo, a borboleta tem dor. Toda a transformação tem dor. E é essa dor da alma da família que se vai ligar e conectar à dor da própria alma. Foi essa dor que nos levou a escolher a família que temos.

> É a alma da família que nos traz a dor que será
> a nossa fonte de transformação.

É ao olhar para aquilo que ninguém quer ver que realizamos a grande transformação no nível da consciência sistêmica.

A consciência sistêmica nos propõe dar a força, a estrutura, a fé, a orientação e as leis que nos permitem encarar aquilo que normalmente ignoramos e não queremos ver. É importante ter a noção de que aquilo que não queremos ver é excluído, e toda exclusão provoca dores de morte e separação.

Nos primórdios da humanidade, quando éramos menos evoluídos, estávamos mais evoluídos na nossa noção de comunidade. À medida que fomos nos desenvolvendo, nos tornamos cada vez mais individualistas e menos conscientes da importância do coletivo. Aliás, perdemos a noção do coletivo. No entanto, **essa noção habita em nós, porque sozinhos não somos nada. Somos apenas uma ínfima peça de um grande quebra-cabeça.**

O processo de individuação começa no coletivo e chega ao individual, mas ao chegar ao individual é necessário voltar ao coletivo com a noção do individual. Caso contrário, perdemos a mensagem espiritual que viemos buscar na vida pelo dom da própria vida.

> **Toda a dor do sistema familiar, das cidades,
> dos países, dos continentes, da humanidade
> provoca vazios existenciais na vida dos seus
> descendentes, que vão convocar todos os seres**

humanos que nascem depois para reparar e preencher esses vazios existenciais.

Estamos a serviço de nós mesmos, a serviço de vidas passadas, da família, da cidade onde nascemos, do país e da humanidade. Todos juntos numa teia invisível de amor e unidos num só coração.

*Assumir que vamos desiludir
o outro é receber a* FORÇA *para sermos*
LEAIS *a nós mesmos!*

MARIA GORJÃO HENRIQUES
Unidos num só coração

A HERANÇA FAMILIAR

As EXPERIÊNCIAS, ESSES VAZIOS EXISTENCIAIS que são preenchidos pelas gerações que retornam, têm, na verdade, um objetivo.

As experiências do passado também são experiências do presente, porque o inconsciente é atemporal, ou seja, vive fora do tempo, não está ligado ao tempo. É verdadeiro nas mesmas circunstâncias, não importa se passaram vinte ou trinta anos, pois surge sempre com a mesma intensidade.

Ao herdarmos os programas da família, com a ideia e a intenção de curar e reparar o destino do clã, herdamos também os talentos, a força, a capacidade de fazer magia. Não nos são legadas apenas as dificuldades, herdamos também as qualidades.

HERDAMOS A LUZ E A SOMBRA DO NOSSO CLÃ FAMILIAR

Herdamos a luz no sentido da qualidade, da força, dos traços de personalidade que, frequentemente, se repetem inúmeras vezes pelas profissões dentro daquela família, por meio de um talento específico. Se somos parecidos fisicamente com os nossos pais, imaginem o que herdamos dos seus programas energéticos! **O físico é a materialização da mente, sua coagulação, é o corpo mais denso.**

A mente começa por ser sutil, mas vai se tornando mais profunda e pesada à medida que geram-se complexos e formas de pensamento que a tornam ainda mais densa. Depois, chegam as emoções como resultado do contato da experiência com as portas dos sentidos. E, assim, vamos ampliando a escala, aumentando os sentidos até que tudo chegue ao corpo físico. E, quando isso acontece, densifica-se na matéria, cai na matéria, coagulando a mente. Portanto, **a matéria é a mente coagulada.**

Pensamos e, ao pensarmos tanto em algo, vamos atraí-lo e começar a cocriar essa possibilidade. De repente, isso surge fora de nós e a nossa vida se transforma.

Falamos muito sobre cocriação, mas nos esquecemos de que cerca de 95% do que somos é inconsciente. Esse imenso iceberg, em que cerca de 95% da massa está submersa, é, na verdade, o lugar de onde brota a cocriação da realidade que vivemos momento a momento.

É por essa razão que tantas vezes cocriamos uma realidade de que não gostamos e que nos provoca tantas dificuldades e dores.

Só existe um caminho: sermos cada vez mais conscientes de que os nossos pensamentos moram e alimentam a nossa vida a partir de um lugar de ausência de observação e presença.

Precisamos alinhar e entrar em sintonia com o nosso EU, de forma a, finalmente, criarmos o espaço interno para que a nossa alma possa se expressar e ser quem é.

Se nos identificamos com os pensamentos, vamos viver presos na matéria e no TER em vez do SER. A essa altura, será cada vez mais difícil entrar em sintonia com a nossa alma.

É verdadeiramente importante e urgente nos tornarmos observadores de nós mesmos para conseguirmos discernir as forças que atuam dentro de nós e que, tantas e tantas vezes, cocriam a realidade em que vivemos, nos fazendo cair numa enorme roda de reação permanente, ou seja, de alimento inconsciente que faz mover a roda sem fim à vista.

Sempre que atuamos no nível da reação, estamos, na verdade, sendo movidos pelo inconsciente. Só a ação é do domínio do consciente, por isso é urgente aprender a AGIR em vez de REAGIR.

A LIGAÇÃO COM O DIVINO

A NOSSA VIDA É COMO UM LONGA-METRAGEM. Dentro dele temos vários rolos de curtas-metragens, pequenos filmes que, por vezes, temos muita dificuldade em entender. São os sinais, os desígnios e a linguagem do céu para nós.

Às vezes, temos eventos biográficos e podemos questionar: "Mas que sentido isso faz dentro daquilo que já vivi?". No entanto, não conseguimos ter sempre uma visão completa do todo. Não temos uma visão aérea da vida, uma visão de helicóptero, em que conseguimos ver de cima e de baixo. Temos de aceitar que, naquele momento, pode não ser fácil, mas que essa dificuldade serve para nos levar a um lugar muito melhor dentro de nós.

Regressando aos primórdios da evolução do ser humano, à época em que éramos macacos. O macaco vivia olhando para o chão, virado sobre si mesmo. Não tinha a visão do céu, não olhava para mais longe nem para mais alto. Não tinha essa dimensão de vida, de conexão com o céu, com Deus, com o divino. À medida que fomos nos colocando cada vez mais na vertical, fomos criando uma relação com o céu e nos religando.

Religião significa religação. Nessa transição, alguns de nós ficamos presos na religião e nessa inspiração que vem de fora, de um Deus que pode nos castigar ou salvar. Ficamos presos no desejo de sermos aprovados e aceitos, na ideia de que temos de ser boas pessoas para passarmos pelo buraco da agulha e podermos entrar no paraíso. Mas, à medida que fomos evoluindo, fomos percebendo que não é bem assim…

*A vida na Terra existe
porque há sombra.*

MARIA GORJÃO HENRIQUES
Unidos num só coração

A religião serve para nos religarmos, mas, tal como foi desenvolvida, nos restringe e limita a nossa natureza divina, porque estamos tirando de nós o julgamento da pessoa que somos.

Temos a nossa consciência crística.
Eu sou luz. Você é luz.
Você tem a sua consciência crística.

O que você precisa é acordar essa consciência crística em si e se inspirar nas qualidades de Jesus Cristo, de Buda, de Vênus, de Marte, dos deuses gregos e de todos os outros, nas religiões monoteístas e nas que adoram vários deuses.

Em determinados momentos, talvez precisemos de valores venezianos, resgatar o nosso feminino. Mas, em outros, talvez precisemos ser mais marcianos, buscar força em um Deus mais masculino, porque aquilo que estamos precisando viver exige mais ação.

A nossa vida vai mudando e seremos iniciados em aspectos que, de alguma maneira, ainda nos estão velados, mas que vão se demonstrando e, simultaneamente, revelando a importância de aparecerem na nossa vida.

Nesse momento, precisamos ser livres para perceber que, se formos ver aquele filme, ler aquela história ou aquele livro que tem aquela energia, essa será a energia certa para acordarmos determinada característica em nós, porque **somos unos com o todo**. Porém, precisamos viver em humildade para compreender que somos limitados, embora habitados pelo ilimitado. Somos, na verdade, uma ínfima peça de um grande quebra-cabeça que nunca estará completo sem a peça que somos. Por outro lado, precisamos recordar a peça que somos para reaprender a SER, no sentido de nos cumprirmos e ocuparmos o nosso lugar para, assim, encaixarmos de novo no grande quebra-cabeça.

Regressemos à caminhada do macaco que foi se verticalizando até se tornar o ser humano que hoje conhecemos. Ao longo dessa transição, fomos adquirindo conhecimento. Então, se há pessoas que ficam presas na religião, outras passam da religião para a filosofia, que significa amor à sabedoria.

São menos pessoas, é um círculo mais fechado, porque nem todas gostam de se questionar sobre a vida. E esse conhecimento abarcado, tomado e bebido com as leis da vida e com a natureza, faz a síntese da nossa evolução.

O conhecimento, quando dissociado do amor e do coração, dificilmente transmite a sabedoria. A sabedoria é quando conseguimos juntar informação, dados e conhecimento, e transformá-los num saber viver, num saber interno que se torna um estado de alma presente que desfruta e recebe a vida, devolvendo à vida o próprio dom que ela dá — a oportunidade da vida. É aprender a passar para a realidade habitual da experiência vivida o conhecimento adquirido. É ser coerente com o que se pensa, diz e faz.

A PAZ DO NOSSO MUNDO INTERIOR

COMEÇAMOS COM RELIGIÃO, um grande círculo, depois um círculo menor, a filosofia, e, em seguida, um círculo muito pequeno no centro, que poderíamos dizer que é a origem de tudo, que é o ser místico que somos. Podemos dizer que são os iniciados, porque têm a experiência vivida dos mistérios e do amor em si mesmos.

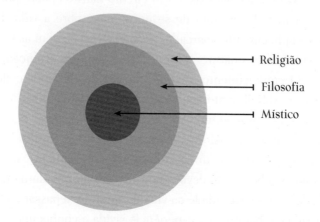

Nem todas as pessoas que gostam de religião leem a Bíblia ou o Corão ou aprendem sobre o Egito Antigo ou os primórdios das grandes leis da vida. **O caminho para a iluminação do ser humano já foi escrito há muito tempo. Ler esse caminho não significa percorrê-lo. Por outro lado, percorrer sem o ler, por vezes, também se torna difícil...** Logo, temos de juntar algum conhecimento adquirido ou recordado por meio da leitura e do estudo para fazer essa síntese dentro de nós e aprender a colocar em prática esse saber no nível da experiência vivida para podermos ser iniciados, para podermos passar por ritos que foram perdidos na história da humanidade e na linha do tempo.

Nas aldeias de antigamente, quando as crianças chegavam a determinada altura, havia uma cerimônia iniciática. O rapaz ia para o mato e passava por provações das mais brutais, mas que faziam dele um homem, pelo sofrimento, pela bravura e pela coragem. Quando regressava, já não voltava para a palhoça da mãe, mas para uma casa própria, onde receberia uma mulher, que, por sua vez, também já era iniciada e que, tal como ele, havia passado por determinadas provações.

Os ritos são cruéis.
São duros. Às vezes até violentos, mas mais cruel e mais violento é viver numa sociedade sem rituais.

―― ―

Ao longo do tempo, perdemos por completo a relação com os ciclos da vida, os ciclos da natureza, com o respirar dos ciclos, das passagens e dos saltos quânticos que a nossa existência nos oferece em tantos momentos.

Temos grandes fases da vida que deixaram de ser assinaladas. Mas, na verdade, os processos iniciáticos são fundamentais e os ritos são essenciais para marcar a nossa evolução.

O homem macaco ergueu-se para ver o céu e, depois de o contemplar, se perdeu. Esse céu tornou-se tão vasto que quase o ofuscou. É como a saída da caverna de Platão, onde se vive no meio das sombras, e o momento em que se sai, metaforicamente, pode ser o da morte e do regresso à casa, mas, simbolicamente, também pode ser a iluminação do ser humano. O despertar da consciência.

Ao sair, como estava habituado à escuridão e a conhecer o mundo por meio das sombras, se depara com a luz do Sol que lhe queima os olhos, cegando-o.

Durante muito tempo, não consegue ver nada, porque a luz é tão intensa que a verdade lhe escapa.

Só depois de se adaptar a essa luz é que começa a ver novamente os objetos, as flores, as árvores, o campo, assim como as sombras que esses objetos projetam, as mesmas que observava lá embaixo. Começa a reconhecer que há um mundo diferente, um novo mundo de luz, onde as sombras que via anteriormente também existem, mas os contornos da beleza da vida são diferentes. Essa é a iniciação. Não acontece quando queremos, mas sim quando podemos e estamos preparados.

Um ritual é um momento de morte e renascimento, uma experiência de dor insuportável que nos leva a um completo despojamento, a uma rendição.

A vida espiritual consciente não se compadece com vidas idílicas, agradáveis, estáveis e equilibradas. **Manter a mente equilibrada, estável e observadora é uma coisa, mas saber que existem momentos em que precisamos sair desse conforto limitado é essencial**, caso contrário nunca seremos verdadeiramente iniciados.

Há momentos que não são agradáveis e que nos colocam em situações de grande desconforto, a fim de provocar esse renascimento. Precisamos nos expor e experimentar os momentos dos quais temos fugido durante tanto tempo, pois só quando nos entregarmos a essa vulnerabilidade é que algo de extraordinário poderá nascer dentro de nós.

Esses processos são tão profundos que ninguém pode fazê-los por nós, por isso são chamados de "Noite Escura da Alma". Somente cada um de nós poderá vivê-los, senti-los, transmutá-los e alquimiá-los, transformando o "metal em ouro", ou, como já vimos anteriormente, a sombra em luz.

O PROCESSO DE INDIVIDUAÇÃO É CONDUZIDO POR NÓS E É PROFUNDAMENTE SOLITÁRIO

Atualmente, estamos alienados e entretidos com o celular e as redes sociais, e cada vez mais distraídos da nossa relação com o divino, com o ilimitado que habita em nós.

Sempre que olhamos para o celular, estamos, na verdade, voltando à posição do macaco que vivia olhando para o chão, virado sobre si mesmo, sem conseguir ver o céu. Estamos nos alienando tanto da natureza como dos seus ciclos e, mais grave ainda, dos ciclos da vida — dos ciclos do Sol, da Lua, das estações do ano. Estamos igualmente perdendo por completo a relação com a vida, deixando de sentir o corpo e fechando aos poucos as portas dos sentidos que nos fazem desfrutar e saborear a existência. Estamos perdendo a conexão com o exterior como informação fundamental para reconhecer, dentro de nós, as mensagens e analogias que nos são oferecidas a cada momento.

Esse processo até pode acontecer como um processo de individuação, em que nos fechamos sobre nós mesmos para nos abrirmos para o céu, pois o céu está dentro de nós. No entanto, o problema é que isso seria assim se estivéssemos trabalhando e nos desenvolvendo espiritualmente com rotinas salutares, praticando uma alimentação saudável, meditação, ioga etc. Pelo contrário, estamos caindo numa grande bolha de entretenimento e, enquanto somos entretidos, vivemos presos, sem liberdade, sem percebermos que estamos encarcerados, imersos nesse entretenimento em massa.

Presos nessa grande feira de entretenimento, ficamos anestesiados e viciados no ter, num falso alimento que amplia cada vez mais a nossa alienação da vida e do nosso projeto espiritual.

Por outro lado, não trabalhar de forma consciente o caminho espiritual como peregrinos nesta vida também pode fazer parte do próprio caminho! Precisamos alienar para depois despertar e ganhar consciência do que perdemos.

*Gratidão é amor
em ação.*

MARIA GORJÃO HENRIQUES
Unidos num só coração

Nesse caso, não estamos falhando. Às vezes, a alienação, o desconectar e aparentemente "falhar" é necessário para, em algum momento, podermos parar, despertar e dizer: "Onde é que estou vivendo? O que estou fazendo? Estou hipnotizado pelas séries, navegando pelas redes sociais, acompanhando a vida dos outros e deixando de cuidar da minha própria vida". E é nesse momento que precisamos entrar na roda da alienação, a fim de experimentar um desconforto tão grande, por meio da nossa vida como peregrinos, que a nossa alma renascerá das cinzas como uma FÊNIX devido ao desconforto desmedido, fazendo isso com uma força imensa que traz com ela um grito da alma que nos chama para a vida.

Portanto, **vamos falhar, mas não vamos falhar.** Podemos falhar numa escala pequena, mas nunca numa escala maior, **porque essa alienação faz parte do processo para podermos retornar à vida.**

| Reflexão |

A questão fundamental é:

Em que lugar você está?

Se estiver consciente do lugar onde está, ótimo. Porém, caso você esteja num lugar alienado e não consciente da vida que está tendo, então a pergunta que lhe faço é:

> A forma como você está vivendo é a adequada para a sua alma?
>
> Avalie se as suas rotinas diárias são as adequadas para a sua alma. Ouça a(s) resposta(s) dentro do seu corpo por alguns segundos e seja honesto consigo mesmo. Se a resposta for "sim", o que é que você pode fazer de melhor? Esporte, dança, arte, música?

A CESTA MENTAL

Temos uma cesta mental que determina a forma como vivemos. Experimente alimentar a sua cesta mental durante os próximos dias com o máximo de conteúdos bonitos e veja o resultado. Por exemplo, ouça todos os dias uma música agradável, vista-se com cores alegres e harmoniosas. **Alimente a sua cesta, única e exclusivamente, com o máximo de conteúdos belos e observe o impacto que terá na sua alma, na sua responsabilidade e nos seus próprios compromissos.**

OS DOIS LADOS DA CRUZ

Nascemos e fomos macacos que, ao longo dos anos, se verticalizaram. Atualmente, a sociedade, o mundo em geral, está nos mostrando que voltamos a olhar para baixo. Ao mesmo tempo, sendo a cruz da matéria, nascemos com uma proposta de verticalidade em relação ao céu e de horizontalidade na vida cotidiana que levamos, ou seja, **a** verticalidade simboliza a ligação com o céu, e a horizontalidade simboliza a vida na matéria vivida pela angústia de separação.

| **Reflexão** |

Proponho as seguintes questões para reflexão:

Como estou vivendo perante essa cruz?
Estou realmente vivendo os dois lados da cruz?

Estou assumindo verdadeiramente o meu compromisso com o céu nesta vida, sentindo que a todo o momento estou conectado e que nada, ninguém ou qualquer circunstância ou situação da minha vida é desprovida de sentido?

A PROPOSTA VERTICAL É CONECTAR COM O DIVINO

Todas as situações com que nos deparamos trazem uma mensagem, mais ou menos sutil, sobre a proposta espiritual que nos é dirigida. Por esse motivo, é importante observar se estamos sendo constantemente alertados sobre o caminho que estamos percorrendo, assim como é importante avaliar se esse mesmo caminho está em harmonia conosco, se ressoa em nós, se estamos verdadeiramente conectados.

A PROPOSTA HORIZONTAL É VIVER A VIDA

É muito difícil viver a vida e estar conectado com o céu quando temos uma vida leiga. E o que é uma vida leiga? É muito difícil conciliar tudo o que compõe o nosso cotidiano e ainda termos tempo para a nossa vida pessoal. Então, todos temos uma vida de leigos, já que não vivemos num mosteiro ou num convento em oração, e decidimos, por livre-arbítrio, abarcar mais áreas da vida, experimentar por meio de muitas frentes e linhas de atuação.

A vida de leigo é a experiência de SERMOS numa complexidade sistêmica imensa. Por isso é que é muito comum irmos a um lugar e, de repente, ficarmos com dores de cabeça ou sairmos desse local com uma sensação de tristeza ou de alegria, porque, ao estarmos perto uns dos outros, estamos interferindo diretamente no campo energético de cada um.

ESTAMOS TODOS LIGADOS POR UMA TEIA INVISÍVEL DE AMOR PERFEITA

Tudo o que está em cima, em vibrações muito mais altas, é como o que está embaixo. Não é igual, é como. E o que significa isso? Não é igual porque a correspondência energética do plano em que estamos, de maior ou menor coagulação da matéria — ou seja, de maior ou menor densidade —, manifesta aquilo que precisa ser visto de uma outra forma.

Todos já vivemos situações difíceis e, ao olharmos para trás, conseguimos hoje dizer: "Se não fosse aquela história, eu não teria como aprender. Mas, agora que aprendi, que fiz a síntese da minha aprendizagem, não preciso passar de novo pela mesma história, pelo mesmo problema, porque agora já sei e conheço o resultado e já consigo captar a sua mensagem e o que quer de mim! Por isso, posso, como observador, me alinhar", o que significa que podemos afinar o nosso instrumento divino, que é o nosso corpo, alinhando-o à proposta e entrando em sintonia com o fluir do universo, sem reagir, sem contrariar e sem querer mudar o seu curso. O sofrimento é dissolvido e o nó que se poderia criar é desfeito no grande oceano da vida. Aprendemos a lição e dançamos com o universo, tocando a música que nos propõe em perfeitas sintonia e afinação.

Quando a história se repete e nos encontramos num lugar de menor densidade, já nos afinamos e alinhamos para dar uma resposta diferente, retirando, muitas vezes, novas ilações e aprendizagens da mesma situação.

A oportunidade de repetição não só nos transporta para uma oitava acima na vibração, e com a possibilidade de viver a mesma história a partir de outro lugar e de outra densidade, como nos permite, também, por meio dessa sutileza, captar novos planos dessa aprendizagem e consolidar a aprendizagem anterior. É como se fosse o céu, o divino, nos dizendo: "É essencial que eu possa confiar em você para saber se posso contar contigo para novas situações, em projetos maiores. Por isso, você precisa ser testado na sua aprendizagem, para fortalecer o seu conhecimento, e para eu ter a certeza de que, quando isso acontecer novamente, você não se perderá no caminho e continuará evoluindo e manifestando a compreensão, a compaixão e o amor no seu plano de encarnação. Quando testo você, é com o propósito de prepará-lo para oportunidades ainda maiores, para que se sinta seguro e confiante para enfrentar qualquer desafio que se apresente. O objetivo é você se tornar capaz de realizar coisas extraordinárias. Portanto, encare cada teste como uma oportunidade de crescimento, como uma possibilidade de se superar, de mostrar o seu potencial divino e construir um alicerce sólido para o seu futuro. Não tema os desafios, pois são eles que o moldam e o preparam para voos mais altos. Avance com coragem e determinação".

É importante observar o EGO e lhe dar limites para que não acredite que é especial. Nesse momento, seríamos automaticamente abandonados pela conexão com o divino e o amor. Isso nos torna pessoas responsáveis, porque a responsabilidade nasce da humildade. O conhecimento e a sabedoria nos devolvem a humildade, quando percebemos que, estando a serviço de algo maior, na verdade, só conseguiremos chegar lá se muitas outras almas entrarem em sintonia conosco.

A nossa consciência crística pode despertar e podemos ser cada vez mais genuínos e autênticos, alinhados com o plano do SER e da manifestação do SER e do amor, mas a vivência isolada não cura o todo, pois temos de ser acompanhados por muitas outras almas em processo de ascensão e vivendo em sintonia e em amor neste plano de encarnação.

**Chegou o momento de transformar a consciência humana e de fazermos magia a serviço da humanidade.
Mas para que isso aconteça é preciso começar a viver e a fazer magia dentro de nós.**

Precisamos tratar do nosso mundo interior, porque o mundo exterior é apenas uma consequência do nosso mundo interior. Enquanto não ficarmos em paz com nós mesmos, o mundo exterior continuará a ser criado pela nossa cegueira, pelos nossos apegos, pelos nossos medos, pelo nosso desejo de controle e por falta de fé, entrega e humildade.

Só consigo evoluir verdadeiramente quando transformo o conhecimento em sabedoria.

MARIA GORJÃO HENRIQUES
Unidos num só coração

A CONSTELAÇÃO FAMILIAR

A GRANDE PROPOSTA DA CONSCIÊNCIA SISTÊMICA é transformar amor com dor em amor com consciência.

Observar e compreender as constelações familiares, uma poderosa ferramenta da consciência sistêmica, é muito mais do que simplesmente reduzir e compreender a extensão da proposta espiritual que está contida nessa ampliação de horizontes em relação à causa e ao propósito da vivência dos nossos padrões e da nossa existência neste mundo.

As constelações familiares transcendem a psicoterapia e não competem com a psicologia. Na verdade, estão mais próximas da filosofia do que da psicologia. Elas nos levam a vivenciar ritos e processos iniciáticos profundos, nos encaminhando para uma jornada transformadora e transmutadora. Quando nos submetemos e aceitamos passar pela experiência de uma constelação familiar, nos tornamos testemunhas oculares das nossas dores internas e as vemos enquanto se manifestam no mundo material, no mundo físico. Esse fato oferece a clareza, o discernimento e o distanciamento necessários para que a personalidade possa se render ao seu lugar de operadora da nossa vida e a alma possa finalmente reencontrar o seu lugar de centro e no comando da nossa evolução. Esse trabalho é cura, é alquimia em movimento e ação.

As constelações familiares proporcionam um processo alquímico interior, em que o metal se transforma em ouro, a sombra dá lugar à luz. É necessário

reconhecer que a sombra também possui uma natureza sagrada e reveladora de partes de luz que perdemos no nosso processo evolutivo.

Nesse momento, fica claro que não estamos aqui para julgar e aceitar os comportamentos dos nossos pais, mas apenas para aceitar a parte de nós que os interpretou dessa forma, porque, na verdade, cada um deles é muito mais do que o nosso ponto de vista e a forma como os interpretamos e alcançamos.

Estamos falando de aceitação pessoal, do resgate de uma parte da luz da nossa alma que congelou, paralisou ou simplesmente se esvaiu. Estamos no processo de reintegração do nosso ser, acolhendo a parte de nós que interpretou e escolheu viver a partir dessas circunstâncias e desse olhar.

Nesse mergulho profundo, descobrimos que a transformação começa em nós. Ao olharmos e vivermos a nossa constelação, iniciamos uma jornada de autoconhecimento, autorreflexão e cura. Estamos dispostos a explorar as camadas mais profundas do nosso ser, a enfrentar os nossos medos e a reconhecer a nossa verdadeira essência.

Ao permitirmos que as constelações revelem o que tem estado oculto na nossa vida, passamos a ser guiados por uma nova compreensão, um novo paradigma de ação que nos direciona a um processo de cura e transformação. É uma jornada corajosa de "coração aberto", muitas vezes desafiadora, mas profundamente libertadora.

Nesse caminho, encontraremos as respostas e a compreensão que nos ajudarão a integrar as nossas experiências passadas, a reconciliar conflitos internos e a trilhar um novo caminho em direção à plenitude e à autenticidade.

É nas constelações familiares que encontramos um espaço sagrado para reconstruir, pacificar e curar as nossas relações com o passado, com os nossos antepassados e com nós mesmos.

É um caminho que nos convoca a abraçar a totalidade do nosso ser e a despertar para uma nova verdade muito acima da compreensão fabricada por meio do julgamento, das crenças a que estamos presos, da dualidade em que vivemos e da oposição com que tantas vezes somos confrontados.

Como são feitas as constelações familiares?

A forma como vemos o outro, mesmo que seja o nosso pai ou a nossa mãe, é altamente subjetiva e está relacionada à nossa "cesta mental", às nossas escolhas de interpretação da realidade, que, por sua vez, são influenciadas pela vibração que trazemos de vidas passadas. Assim, a única forma de recordar é atrair para este plano a frequência de vibração que escolhemos viver para a nossa evolução. Por conseguinte, muito mais importante do que o que o outro faz é o que vemos e interpretamos pelos olhos da consciência limitada que temos neste plano e que vai colocar em ação o pacto de amor profundo que fizemos com cada uma dessas pessoas, em que, naturalmente, pais, avós e irmãos estão incluídos.

É como se disséssemos para nós mesmos: "Me crie e me faça viver tudo o que preciso, porque de outra forma não tenho condições, nem capacidade, nem coragem de me confrontar e mergulhar no que precisa ser visto e que vocês tão bem me vão proporcionar. Peço que o faça para que eu possa voltar a lidar com os conteúdos internos que guardei a sete chaves".

Numa constelação familiar, nos sentamos em segurança, porque estamos num círculo em que a energia é sustentada e suportada, e somos capazes de ver o que nos foi escondido até o momento. Conseguimos sair do centro do nosso sofrimento, da narrativa que construímos, e ampliar o olhar para abraçar o outro e compreender as suas idiossincrasias, libertando de forma automática o apego ao nosso ponto de vista e aos prejulgamentos oriundos do lugar de dor onde nos encontrávamos. Quando esse processo acontece de forma natural, a primeira grande virtude do nosso desenvolvimento espiritual tem condições para se manifestar. Assumimos de imediato a nossa cota-parte de responsabilidade na interpretação que fizemos e nas consequências dessa interpretação.

Em outras palavras, nos expomos para vermos com os nossos olhos e com os nossos vários corpos (físico, emocional, mental e espiritual) o que acontece no campo mórfico quando nos libertamos do apego ao sofrimento e assumimos a nossa responsabilidade na interpretação que fizemos e na ausência de entendimento perante o sofrimento do outro.

O resultado é imediato e vemos a expansão de consciência, a compaixão e o amor inundarem os nossos vários corpos quando estamos constelando, bem como libertando todo o sistema familiar da tensão que ali se vivia, repondo o fluxo do amor e levando cada um dos intervenientes a cocriarem uma nova realidade a partir daquele novo lugar.

*Abraçar os meus pais dentro de mim
é acolher a vida por inteiro.*

MARIA GORJÃO HENRIQUES
Unidos num só coração

Nasce, igualmente, um discernimento que nos permite compreender a mensagem espiritual e emocional que estava presa na dor e no padrão que se libertou. O corpo liberta o que outrora somatizou e a alma respira de alívio, porque finalmente pode ocupar o seu lugar no palco da vida.

• Caso real •

Vou partilhar com você uma história real, uma entre milhares. Neste caso, uma filha que se queixa de que o pai é ausente e procura uma constelação familiar porque carrega uma dor imensa, resultado da ausência de amor e afeto por parte do progenitor durante a infância.

No contexto da constelação, escolhemos uma pessoa para representar a filha e outra para representar o pai. A filha diz à pessoa que não conhece e que escolheu para representá-la: "A partir de agora, você sou eu". Em seguida, seleciona outra pessoa que também não conhece e diz: "A partir de agora, você é o meu pai". E se senta para observar. A partir desse momento, essas duas pessoas são movidas pelo campo mórfico dessa família, mergulhando completamente nas suas emoções, e começam a agir de acordo com o que a filha sente. As interações que surgem entre os representantes fazem com que a paciente diga: "O meu pai fazia isso comigo".

Pelos movimentos da pessoa que representa o pai, é possível deduzir que ele esteve na guerra e que está sofrendo; um sofrimento muito maior do que o da filha.

Nesse momento, o facilitador pode perguntar à filha: "O seu pai esteve na guerra?". Ela responde: "Sim, esteve, esteve na guerra".

Então, colocamos uma pessoa para representar a dor do pai e observamos como o pai, apesar da sua profunda dor e de todo o tormento psicológico causado por ter tirado vidas humanas, ter visto colegas morrerem e ter lutado pela sua sobrevivência, desencadeia um choro espontâneo da pessoa que o representa. "Eu não tinha noção de que o meu pai sofria tanto...", diz a filha.

Nesse momento, no silêncio do reconhecimento da dor do outro, a filha também percebe que a sua própria cegueira em relação ao que desejava e queria foi tão grande que ela se fechou em si mesma, acreditando que a sua dor era maior do que todas as dores do mundo.

Ao se abrir para além desse narcisismo e desse espaço interno em que ela se encontrava, abre-se para a dor do outro e percebe que a dor do pai é muito maior. Reconhece que, por amor, o pai aceitou lhe dar a vida e, apesar de toda a dor, ainda olhou para ela, sorriu para ela, ainda a segurou no colo e lhe contou histórias. Dessa forma, ela compreende o quanto ele teve de se anular, castrar e tentar superar a si mesmo para lhe dar o que ele já não tinha para si. Assim nascem a compaixão, o amor, a aceitação, uma total ausência de julgamento e um afastamento da própria dor para entender a dor do outro.

Ao realizar essa transformação, o coração se abre, pois, quando está em dor, está fechado. **Só quando o coração compreende as idiossincrasias do outro é que se abre para a empatia e, posteriormente, para a compaixão.**

A empatia é um movimento, um estado de alma anterior à compaixão. Aqueles que sentem empatia podem permanecer na empatia e nunca alcançar a compaixão. No entanto, aqueles que chegam à compaixão conhecem a empatia, pois tiveram de passar por ela antes de alcançar a compaixão.

A compaixão é um sentimento complexo e que envolve várias áreas do nosso cérebro pela dimensão nobre que representa em relação ao outro ser humano.

——— ———

Então, não estamos falando de terapia. Estamos falando de amor, da vida, de um rito iniciático, pois essa pessoa nunca mais será a mesma e jamais voltará a olhar para o pai da mesma maneira.

Estamos falando de sermos transportados para um outro lugar de entendimento, de uma mudança de paradigma, de uma expansão de consciência que nos oferece um patamar de entendimento que não volta atrás, que abre um novo mundo e percorre todo o corpo energético.

Estamos falando de um lugar onde 1 + 1 não é igual a 2; é igual a 10 ou a 20 ou a 100, porque demos um salto de entendimento e de reintegração do nosso SER, de reunificação e de reintegração da nossa alma, um resgate de alma em que a nossa vida deixa de ser a mesma. Resgatamos, assim, uma parte de nós que projetávamos no outro, um vazio de amor, e dessa compreensão não só o nosso coração se abre, como ainda aceitamos, abraçamos e acomodamos o outro no nosso coração.

O CAMINHO DA VIDA E O CAMINHO DA EVOLUÇÃO DO SER HUMANO SÃO PELO AMOR E PELO CORAÇÃO

Esse é o caminho, não temos outro. Para isso precisamos nos expor a lugares aonde nunca fomos e que, por momentos, pelo princípio da realidade, podem ser desconfortáveis. Contudo, é desse desconforto que nascem o salto quântico, a mudança de paradigma e a mudança de olhar.

Da dualidade para a unidade e para a neutralidade.

A JORNADA DO HERÓI

ESTARMOS PRESENTES NA VIDA de forma coerente é um autêntico desafio. A coerência e a constância são, talvez, das características e virtudes mais difíceis de mantermos.

Em termos de consciência sistêmica, não basta descobrir e saber, expandir a consciência sobre o que aconteceu na nossa vida, na vida da nossa família e nas repetições dos padrões que alimentam a dor. É preciso saber a diferença entre amar com dor e amar com consciência. Podemos transformar esse amor com dor em amor consciente, mas só saberemos fazer isso se realmente soubermos viver e nos abrir à experiência de tal forma que transformemos conhecimento em sabedoria, passando a usufruir desse entendimento na vida cotidiana.

SOMOS CAMINHANTES DA VIDA

O caminho contém chuva, vento, sol, frio, calor, pedras, descidas, subidas, estradas e trilhas sinuosas. Nem sempre os sapatos que calçamos são adequados para o caminho que percorremos. **Podemos começar precisamente por aqui, percebendo se os sapatos que calçamos são adequados para o caminho que trilhamos hoje. Podemos começar adaptando coisas simples, a fim de a tornar a vida mais leve nesta jornada espiritual tão profunda.**

A Jornada do Herói é a jornada do nosso processo de individuação.

——— ———

A jornada não está relacionada à magnitude das realizações que alcançamos, à extensão dos movimentos que criamos ou à força de vontade que demonstramos. **Relaciona-se à realização e à materialização da nossa consciência crística, ao assumir a responsabilidade por nós mesmos, ao desenvolvimento das virtudes necessárias para caminhar no nosso processo de evolução.**

Enquanto caminhantes, temos um corpo que é como um cavalo selvagem que procura prazer, experiências e momentos. No entanto, muitos desses momentos e experiências, embora sejam importantes, podem nos desviar da nossa natureza divina e do nosso propósito como peregrinos.

É preciso compreender que a grandiosidade não está apenas nas conquistas externas, mas sim na transformação interna. **É na jornada para a nossa essência que descobrimos a verdadeira grandiosidade, ao desenvolver virtudes que iluminam o nosso caminho e trazem significado à nossa existência.**

ASSUMIR ESSA JORNADA REQUER CORAGEM E DETERMINAÇÃO

Iniciar esse caminho significa confrontar os desafios, superar as distrações e manter o foco na nossa essência mais profunda. É por meio dessa jornada que nos tornamos heróis da nossa própria vida, que despertamos para a plenitude do nosso ser e cumprimos o propósito divino que nos foi confiado: SER quem SOMOS.

É preciso domar o lado mais primário, animal e instintivo do ser humano, o lado das vontades, dos apegos, da avidez, dos prazeres. A consciência sistêmica nos indica que é preciso resgatar os antigos saberes, caso contrário, não vamos olhar para ela como uma forma de nos purificarmos e trilharmos o nosso caminho de individuação, que é o caminho do herói.

Quando nos tornarmos pessoas cada vez mais centradas na nossa missão espiritual, vamos originar movimentos úteis para os outros, para o coletivo, para o mundo. E aí, sim, estaremos a serviço.

Estar a serviço é assumir um compromisso de vida espiritual e de expansão da consciência. É assumir a responsabilidade e trabalhar o máximo possível para ganhar leveza, para transcender mente e matéria no sentido de viver verdadeiramente, e não a vida do inconsciente, ou seja, alinhar o inconsciente com o consciente e estar a serviço da vida com tudo o que esta tem para dar, momento a momento.

Imagine-se como um passageiro num carro, sendo o corpo o veículo que o transporta. Aceite conduzir esse veículo em direção ao bem supremo, utilizando as ferramentas da sua personalidade como condutor, não baseado apenas na vontade da personalidade, mas com uma conexão com algo maior e além de si.

*Quando mergulhamos de cabeça
até as profundezas do nosso ser,
descobrimos que nada pode nos atingir.
Nesse momento, compreendemos
que toda a vida é uma ilusão.*

MARIA GORJÃO HENRIQUES
Unidos num só coração

Sem a consciência sistêmica não é possível alcançar esse algo maior, pois não temos noção de que somos como pequenas formigas num universo vasto. No entanto, esse universo está dentro de nós, por mais insignificantes que possamos parecer em comparação com o tamanho do cosmos.

O TODO ESTÁ EM NÓS E NÓS ESTAMOS NO TODO

O fato de o todo estar em nós não nos torna grandiosos, apenas mais responsáveis e conscientes. Se esse todo está em nós, **temos a obrigação de cumprir a nossa missão única.**

A sua missão é única assim como a de cada um de nós. Não há ninguém igual a você, assim como não há ninguém igual a qualquer um de nós. Para cumprir essa missão, precisamos despertar, trabalhar para despertar essa consciência crística dentro de nós.

Esse é um chamado para nos elevarmos além das limitações da mente e nos conectarmos com a sabedoria divina que reside em nosso interior. É uma jornada de autorreflexão, crescimento espiritual e entrega a serviço do bem maior.

Ao despertarmos para essa consciência crística, nos tornamos agentes de transformação, irradiando amor, compaixão e consciência para o mundo ao nosso redor. É uma busca sagrada que nos leva a compreender a nossa verdadeira natureza e a cumprir o propósito mais elevado da nossa existência.

TRABALHARMOS NO NOSSO PROCESSO DE INDIVIDUAÇÃO É ACEITAR QUE VAMOS DESILUDIR O OUTRO

Enquanto não conseguirmos aceitar a ideia de desiludir o outro, estaremos fadados a abdicar de nós, da nossa liberdade, da nossa vontade e do que precisamos fazer por nós para nos adaptarmos ao outro. Nesse momento, estamos falhando conosco. Ao nos adaptarmos ao outro, perdemos a lealdade a nós e deixamos partes de nós em segundo plano.

Quando damos demais, perdemos o respeito e a admiração do outro, porque perdemos isso de nós, e o outro, que é exterior, que é o nosso reflexo, nos devolverá o que fizemos a nós mesmos.

A Jornada do Herói é aquela que abraça a própria verdade, independentemente das consequências. E essa busca pela consciência crística é uma tarefa árdua que exige empenho e coragem.

O herói é aquele que se lança na jornada do louco. Mas o que é a jornada do louco? É aquela em que, movidos por um ato de sentir a força do divino em nós, ousamos percorrer um caminho desconhecido, enquanto os outros nos consideram loucos por não compreenderem a dimensão da nossa fé nem o alcance da nossa jornada.

Perante a grandiosidade do divino que sentimos, o ilimitado protege, pois estamos apenas dando mais um passo em direção ao nosso centro, à expressão da nossa essência e da nossa consciência crística, daquilo que nos habita e se expressa por meio de nós.

Assim, a Jornada do Herói é ter a coragem de olhar nos olhos dos nossos pais e lhes dizer: "Agora, sigo o meu próprio caminho, mesmo que isso possa desapontá-los". É quando nos atrevemos a abraçar a Mãe Terra e a abraçar a vida por meio de uma expressão de autoridade maior, independentemente da religião que seguimos. **É uma religião interna, em que a verdade emerge de dentro de nós e sabemos que não temos opção senão segui-la.** É o compromisso que assumimos conosco.

Se não nos priorizarmos antes de cuidarmos dos outros, acabaremos por nos perder. Quando nos doamos aos outros, estamos à procura de receber a compensação que sentimos que nos falta.

Como poderemos SER se não tivermos a experiência de SER? Primeiro SOMOS, e só depois podemos oferecer o que temos de mais autêntico e verdadeiro. Esse é um chamado para nos conectarmos com a nossa essência e vivermos em plenitude, partilhando o nosso ser com o mundo.

> "Amarás ao próximo como a ti mesmo."
> JESUS CRISTO

A questão é esta: quantos de nós nos amamos verdadeiramente para nos permitirmos e nos darmos ao luxo de, nesta vida, partilhar esse amor com os outros?

Seja um herói!

Faça a jornada da sua própria vida mesmo que isso implique dizer NÃO aos outros, representando um grande SIM para você.

CAPÍTULO 8

INTRODUÇÃO ÀS CONSTELAÇÕES FAMILIARES

AS TRÊS CONSCIÊNCIAS, SEGUNDO BERT HELLINGER

A CONSCIÊNCIA INDIVIDUAL, a consciência social e a consciência mística são as três consciências que fazem parte do legado que Bert Hellinger nos deixou quando falamos, concretamente, de consciência sistêmica e de constelações familiares.

OS TRÊS NÍVEIS DE CONSCIÊNCIA NÃO ATUAM DA MESMA MANEIRA NA NOSSA PSIQUE

Desenvolver consciência, observar e reconhecer esse desenvolvimento em nós e nos eventos da nossa vida viabilizam o autoconhecimento e um espaço de observação e escolha fundamental para o papel que desempenhamos como peregrinos nesta jornada de desenvolvimento espiritual, como alguém que caminha em direção ao seu próprio mundo, de volta ao centro da vida, ao amor. Por isso é muito importante compreender de que forma a consciência individual, a consciência social e familiar e a consciência mística atuam nas nossas vidas.

CONSCIÊNCIA INDIVIDUAL

A consciência individual pode ser considerada boa ou má. Se realizarmos um ato que não seja correto dentro do nosso quadro de referência, experimentaremos uma má consciência, ficando com um peso na consciência.

Por exemplo, e numa nota pessoal, atualmente, com a consciência que tenho sobre a vida e sobre mim mesma, não consigo estacionar o carro de forma inadequada, bloqueando a passagem na calçada, pois considero isso uma total falta de respeito para com o outro. É uma falta de consideração com os seres humanos que passam por ali, como um deficiente visual, uma pessoa caminhando ou uma mãe com um carrinho de bebê. No entanto, houve um tempo em que, devido à pressa e à correria, eu estacionava o carro em cima da calçada. Quando estava com as minhas filhas e precisava ir ao supermercado para comprar arroz, como era algo rápido, estacionava na calçada. Naquela época, não tinha uma má consciência, pois acreditava que estava agindo de boa-fé e nem sequer pensava no impacto que aquela atitude podia ter na vida de alguém que passasse por ali.

Hoje, mesmo que esteja com pressa, já não consigo fazer isso. É uma questão de ter boa ou má consciência. Mas se por qualquer eventualidade eu voltasse a estacionar o carro em cima da calçada, isso geraria em mim uma tal má consciência que poderia atrair, no momento em que saísse do supermercado com as compras na mão, um policial pronto para me multar. E por quê? Porque a **má consciência gera a cocriação da punição. Sinto culpa pelo que fiz, não me sinto merecedora, e a minha mente cocria a punição do universo, pois somos cocriadores de nossa própria realidade.**

Logo, **a boa e a má consciência vão regular o tipo de vida que levamos ou o tipo de biografia que construímos ao longo do tempo.** No entanto, a boa e a má consciência não têm o mesmo impacto na nossa vida, pois nos regulam de uma forma completamente diferente.

A má consciência fica e gera um sentimento de culpa, no qual expiamos o nosso mal-estar. Ela é muito mais difícil de libertar do que a boa consciência, que é sutil, move-se discretamente e, por isso, se evapora mais rapidamente do que a má consciência.

CONSCIÊNCIA SOCIAL

A função da consciência social é nos regular em relação ao grupo de pertencimento e ao grupo de referência.

O ser humano anseia por pertencer a um grupo; aquele grupo de pessoas que tanto admiramos e do qual desejamos fazer parte. Isso acontece quando o ser humano não está num processo consciente de individuação. O que os outros são torna-se, muitas vezes, mais importante do que aquilo que somos. Logo, se pertencermos a esse grupo, também seremos como eles.

Esses grupos de referência despertam o desejo de nos desenvolvermos para sermos aceitos por eles. **A família** de origem é um desses grupos de referência. É onde pertencemos.

Todos os grupos funcionam com base em regras, leis, princípios éticos, missões e propósitos. Ao fazer parte de um grupo, é necessário estar em conformidade com essas regras, leis e propósitos.

―― ――

Se questionarmos uma dessas leis ou propósitos, estaremos colocando em risco a nossa permanência no grupo. Isso, como vimos anteriormente, pode levar à autoexclusão direta ou à exclusão do grupo, pois, se a nossa presença não estiver em harmonia e não ressoar no grupo, o nosso lugar estará ameaçado.

Então, temos a consciência individual, que pode ser considerada boa ou má, e também a social, que vai além da nossa percepção do bem e do mal. **Está relacionada à nossa aceitação em estar num determinado lugar e em cumprir com os seus princípios básicos**, mesmo que isso coloque em jogo as nossas vidas, presença e permanência no clã. Quando colocamos tudo isso em jogo, estamos desafiando uma das leis fundamentais da consciência sistêmica: o direito de pertencer.

Temos o direito de pertencer, de estabelecer ordem e equilíbrio entre dar e receber.

Nos libertarmos dos pais com amor é a condição necessária para nos abrirmos a um relacionamento amoroso saudável.

MARIA GORJÃO HENRIQUES
Unidos num só coração

A consciência social regula a nossa experiência vivida desse direito de pertencer. Ser excluído, tal como mencionado, é uma experiência de morte, porque a nossa sobrevivência é posta em questão quando somos arrancados desse grupo, seja por nos excluirmos, seja por sermos excluídos.

A consciência social também é designada como consciência sistêmica ou coletiva, pois, para funcionarmos em sociedade e em sistemas, temos de seguir as regras que regulam o bom convívio entre os seres humanos e as leis da sociedade, da cultura e do país.

Dentro da consciência sistêmica e coletiva existem as seguintes leis, mencionadas anteriormente:

- ♦ O direito de pertencer, pois a qualquer momento podemos ser excluídos.
- ♦ O equilíbrio entre dar e receber.
- ♦ A ordem.

Para cumprir com as leis da consciência sistêmica social ou coletiva, existe uma ordem estabelecida. Assim como a água de uma nascente segue o seu percurso até o mar, obedecendo ao fluxo natural da vida e ao seu próprio ciclo, os seres humanos também precisam reaprender a respeitar essa ordem natural. **Não há nada mais importante no universo do que ocupar o nosso lugar, porque, a partir desse lugar ao qual pertencemos, estamos enraizados.** O enraizamento de um ser humano começa com o conhecimento preciso do seu lugar na vida e no mundo dentro do seu sistema familiar. Por isso é muito importante entender que os mais velhos nasceram antes e os mais novos nasceram depois, e não tentar inverter essa ordem, que precisa ser respeitada.

A consciência social, mística e coletiva desempenha um papel bastante importante na regulação do equilíbrio e do desequilíbrio que os seres humanos causam na Terra.

Ao desrespeitar uma dessas três leis, todo o sistema entra em desequilíbrio. Assim como quando um barco está instável e alguém é chamado para restaurar o equilíbrio na embarcação, também alguém será chamado para servir como essa consciência maior — a consciência social, coletiva e sistêmica — a fim de reparar e restabelecer o equilíbrio perdido.

Contudo, é importante considerar que essa pessoa também terá as suas predisposições — no nível da alma, de vidas passadas etc. — que ressoam e entram em correspondência com essa dor (com a causa da instabilidade do barco). Assim, essa pessoa escolherá uma família que também carrega a mesma dor para poder continuar a aprender o que não aprendeu numa vida passada e o que precisa repetir nesta vida, estando a serviço de si mesma e do sistema maior. Lembrando que tudo é perfeito e tudo se encaixa na perfeição.

Porém, a consciência sistêmica e coletiva também nos traz uma culpa transitória.

A culpa transitória é a consciencialização de que, naquele momento, não tínhamos as ferramentas, mas hoje não faríamos o mesmo. É a tomada de consciência daquilo que praticamos, tendo em conta que existe uma dissociação entre a pessoa que somos hoje e a que fomos naquele momento, que não tinha a consciência necessária para agir de forma diferente.

Existe uma maneira de lidar com a culpa transitória: aprendendo a amar a parte de nós que agiu de determinada maneira. Precisamos voltar a incluir e amar a parte de nós que não foi capaz de fazer melhor. Precisamos amar a nossa parte sombria que agiu dessa forma, porque ela, mais do que ninguém, precisa do nosso amor. Ao acolher essa parte sombria, os outros também poderão fazer o mesmo. É nesse momento que a magia acontece, pois, **ao realizar esse movimento interno de aceitação, acolhimento e amor profundo pela parte de nós que não soube fazer melhor, estamos incluindo a parte que na realidade rejeitamos de nós mesmos.**

Todos acreditamos estar num estado melhor do que realmente estamos. Não gostamos de reconhecer que existem partes nossas desagradáveis, que ainda são primitivas e menos desenvolvidas. Mas são justamente essas partes que mais necessitam da nossa atenção, do nosso amor, da nossa compaixão. Enquanto não fizermos esse movimento interno de reintegração do nosso ser e não nos amarmos, os outros continuarão a apontar o dedo, quantas vezes quiserem, até termos a vontade e a coragem de nos olharmos por meio deles.

CONSCIÊNCIA MÍSTICA

Na consciência mística, falamos de um estado que transcende a mente dual e se torna verdadeiramente humano no sentido da síntese que o nosso coração é capaz de realizar diante da dualidade e dos paradoxos em que nossa mente vive. **A mente funciona em dicotomias, mas o coração é integrativo, reunindo o que foi separado.**

Se não permitirmos que a mente desça ao coração, estaremos condenados a dificilmente compreender o que é a consciência mística. Nunca seremos capazes de permitir que mente e coração digam sim tanto ao branco quanto ao preto, à luz e à sombra, ao dia e à noite. É necessário aceitar que tudo é verdade e que tudo faz parte.

No lugar místico, voltamos a unir o que foi separado. Existe uma ligação profunda que deseja reunir novamente o que foi dividido. Existe uma força poderosa que deseja a nossa individuação e completude. Essa força está a serviço de todos nós, de forma integral. Ela nos conecta, orienta, inspira e impulsiona em direção à plenitude.

O perfeito está concluído porque retorna à fonte, cumpre a sua missão e volta à unidade e à neutralidade. Nesse novo lugar, pacifica-se e fica perfeito, ou seja, não tem mais nada que impeça sua completude.

> *"O que é perfeito está concluído,*
> *só o imperfeito tem futuro."*
> **BERT HELLINGER**

O que na verdade interessa é a clareza para perceber que não posso definir quem sou por meio daqueles que me magoaram.

MARIA GORJÃO HENRIQUES
Unidos num só coração

É por isso que o facilitador de constelações precisa ser um filósofo. **Estamos falando de misticismo, do acesso a um lugar que não pode ser definido por palavras e que a nossa mente não consegue compreender plenamente, porque a maioria dos níveis sutis de mente e matéria estão ocultos.**

As coisas nos são mostradas de forma velada para que, no momento de constelar, o nível de consciência possa alcançar entendimentos profundos e metafóricos, em que aquilo que é nem sempre é o que parece.

Quando compreendemos que há uma força maior que deseja reunir tudo o que foi separado, reconhecemos os movimentos sutis no momento das constelações e percebemos que estamos a serviço de um todo maior, e que esse todo maior está a serviço de todos. É aí que a magia acontece. É aí que ocorre o que costumo chamar de bailado de alma nas constelações, em que Deus, a fonte, a luz, atua como o grande cineasta, o grande encenador, por meio da música, da sutileza dos gestos, da beleza das formas de amor em expressão e transformação. Amor com dor e amor com consciência. É amor, de qualquer forma. É amor.

Quando nos expomos a esse lugar, só podemos ter uma atitude: silêncio, porque, diante do sagrado, as palavras são insuficientes. Diante do sagrado, nos curvamos na nossa dimensão e pequenez, seja ele revelado de forma velada ou concreta, pois nos encontramos dentro de um espaço iniciático. E, nesse espaço, só por estarmos nele e sermos testemunhas oculares, já somos profundamente presenteados e abençoados.

Assistir a uma constelação familiar não é apenas fazer uma constelação familiar. Assistir, ser representante, ser um suporte energético na roda à qual pertencemos é, para todos, um ato iniciático profundo e um momento sagrado.

Quando nos expomos a esse lugar, onde a cada momento testemunhamos a energia divina em ação por meio do silêncio, dos gestos, dos olhares e da profunda relação de amor que todos temos uns com os outros no nível da alma, somos movidos por compaixão, ternura e aceitação sem precedentes, que dificilmente conseguimos colocar em palavras.

Nós, seres humanos, estamos perdendo esse lugar de cumplicidade onde os olhos se cruzam sem palavras, onde acolhemos o outro no altar do nosso coração e olhamos de alma para alma, dizendo: "Eu vejo você". Quantos de nós esperam por esse olhar em que, por um momento, sentimos que o outro nos vê, sente, compreende e abraça dentro do coração, com amor e sem julgamento?

O lugar emocional que experimentamos por meio da consciência sistêmica e das constelações rasga o nosso coração, fazendo-nos viver nesses lugares de amor e compreensão da existência do divino em nós. O grande SIM é dito não pelo que fazemos, mas pelo que SOMOS, independentemente das nossas ações. Cada um de nós é aquilo que consegue SER a cada momento.

> É um despertar interno de humanidade que
> nos traz de volta à vida, porque há muito
> deixamos de sentir essa humanidade,
> essa vivacidade da vida.

A distância mais curta entre duas almas é um sorriso, mas é um sorriso que olha com os olhos, e esse sorriso é profundidade, é vida, é o direito de assumir o nosso lugar no olhar do outro. Quando isso acontece, esse silêncio permanece e ficamos à espera do próximo passo. E, nesse próximo passo, revela-se algo essencial, e agimos em função desse algo essencial. Isso é a consciência mística. Agimos em função do que é essencial. Apenas recorremos ao que sentimos no corpo, que é a presença viva do outro e do todo em nós. É a consciência crística que habita em nós testemunhando a consciência crística que está no outro. **É o reconhecimento e a magia da vida. É a vida.**

EXCESSOS, REPETIÇÕES E SILÊNCIOS

Nesta parte, abordo os excessos, as repetições e a dor sistêmica que nos convocam a repetir para preencher os vazios existenciais do passado. E, para entendermos a dimensão do amor e o modo como o amor com dor tem múltiplas formas de se manifestar a serviço da vida, da consciência social e da consciência mística, serão usados exemplos de casos reais.

• **Caso real** •

Há algum tempo, um pai marcou uma consulta comigo porque estava muito angustiado. O seu filho mais novo, de cinco anos, ao ser deixado na creche, virou-se para ele e disse: "Sabe, pai, quando eu tiver a idade do meu irmão (doze anos), o meu irmão vai ser o meu pai". O pai respondeu: "Não. O seu irmão não é o seu pai. O seu pai sou eu". Mas o filho olhou novamente para ele e acrescentou com naturalidade: "Não, quando eu tiver a idade do mano, o meu irmão vai ser o meu pai, porque você vai morrer".

O pai da criança ficou paralisado e sem palavras perante aquele cenário, o que o levou a marcar uma consulta comigo.

Em termos sistêmicos, o pai do meu paciente morreu aos cinquenta anos de idade. O seu avô paterno morreu aos 45 anos. E assim conseguimos ver um padrão, o que significa que essa família, esse clã masculino carrega uma dor profunda: os homens da família não conseguem ver os filhos crescerem porque morrem cedo demais.

Esse filho, nesse momento, tinha cinco anos e dali a sete anos, quando completasse doze, o seu pai teria exatamente a idade do pai dele e do seu avô. Por outro lado, quando o avô morreu, o seu pai tinha justamente doze anos, a idade atual do seu filho mais velho e a idade que o seu filho mais novo teria.

Logo, quando esse homem me procurou, antes de aquela constelação familiar ser realizada, estávamos falando de uma situação de vida ou morte — ou vida para além da morte —, de vida encarnada ou de passagem, de desencarnar na Terra e ir para outro plano ou outra realidade.

As datas batiam certo, e essa criança de cinco anos estava em sintonia e captando a dor do sistema e pedindo ao pai que não morresse por meio dessa "afirmação" que manifestou naquele momento.

Por amor. Amor com dor, mas por amor.

A constelação seguiu o seu rumo natural, e o pai, ali presente, pôde dizer ao avô: "Por você, pagando este preço, na tentativa de reparar o seu destino, na tentativa de devolver a sua dignidade". Isso acontece porque existe um fio invisível de amor que liga esse bisavô, esse avô, esse pai e essa criança, numa repetição a serviço da libertação da dor do clã familiar e da alma da família.

A constelação foi realizada e esse foi um trabalho feito com toda a verdade, transparência e honestidade. Claro que o destino desse homem será viver e ver os filhos crescerem, porque trouxe à consciência e libertou o pai e o avô da dor que carregavam por não terem visto os filhos crescendo.

Agora, ele está autorizado pelo clã, e também legitimado por si mesmo, a construir a sua vida, pois devolveu a dignidade ao passado. Trouxe essa verdade e essa dor para o presente. Olhando, enfrentando, falando sobre isso. Amando, abraçando, integrando.

*Quando nos identificamos com
um pensamento, cortamos a relação
com a sabedoria do corpo
e vivemos fora da realidade.*

MARIA GORJÃO HENRIQUES
Unidos num só coração

Quando as dores não são vividas, as lágrimas e os silêncios não expressos são preenchidos com dor. Essa dor causa vazios existenciais que chamam os descendentes para preenchê-los com eventos biográficos. É preciso trazer essa dor para o presente, olhando-a de frente, falando sobre ela, amando e integrando as aprendizagens que nos traz. Porém, isso é exatamente o oposto do que a sociedade faz. Quando temos uma dor específica, tomamos um comprimido para não senti-la, e a dor precisa aumentar para ser reconhecida. **Tudo o que é rejeitado precisa ser incluído, e a dor é a primeira coisa que rejeitamos na nossa vida.**

• Caso real •

Vou contar outra história. Uma mulher me procurou numa consulta porque estava num estado de ansiedade que não conseguia compreender. Essa ansiedade estava resultando na convicção persistente, da qual não conseguia se libertar, de que o marido iria morrer.

O marido dela é militar e acabara de ser destacado para ir em missão para o Kosovo. Essa situação desencadeou uma dor intensa nela. Estava vivendo em pânico, visualizando constantemente a morte do marido e o impacto disso nos filhos.

Rapidamente, com apenas duas perguntas, percebeu-se que a avó dela, à qual estava profundamente ligada por amor, ficou viúva com vários filhos. A avó vivia confortavelmente,

> com um bom status social, nunca trabalhara na vida nem precisara fazê-lo. No entanto, com a morte inesperada do marido, a senhora passou por dificuldades financeiras e teve de começar a trabalhar, mesmo sem saber como e sem ter uma profissão.
>
> Perguntei a ela: "Qual era a idade da sua avó quando ficou viúva?". Ela recuou na cadeira e respondeu: "Tinha a idade que vou fazer daqui a seis meses"; ou seja, estava profundamente ligada a essa avó e, para reparar o destino da avó, estava criando um semelhante. Estamos falando de vida e de morte. A constelação foi realizada e ela se libertou desse padrão. O marido foi para o Kosovo e regressou são e salvo. Muitos anos se passaram, e eles estão felizes e saudáveis ao lado dos filhos.

O mesmo acontece com pessoas que, de repente, têm a sensação de que vão morrer. Ao investigarmos a sua família, descobrimos que houve uma ou várias pessoas daquele clã que morreram exatamente com a idade que essa pessoa tem no momento. E, por isso, nesse momento, a pessoa encontra-se em perigo de vida, porque a lealdade ao sistema familiar pode levar a um padrão de repetição a serviço de algo maior.

Amor com dor ou amor com consciência. Muitas vezes, felizmente, não se trata de uma questão de vida ou morte. Muitas pessoas não entendem por que criam infelicidade quando estão prestes a alcançar a felicidade. Criam condições para que, mesmo quando têm tudo para que a vida prospere, nada dê certo. E não compreendem por que não conseguem abraçar a felicidade quando ela está ali, pronta para ser abraçada. Isso acontece porque os destinos dos antepassados estão operando e a pessoa não se sente autorizada e no direito de fazer o que outrora outros não puderam fazer.

Não podemos construir felicidade em cima da infelicidade de outros seres vivos, principalmente quando esses seres vivos são aqueles que nos deram a vida.

Então, como podemos ter permissão para sermos felizes se carregamos todos os antepassados dentro de nós e estamos ligados a eles por lealdades inconscientes?

A primeira coisa que temos de fazer é **reconhecer que, na época em que os nossos antepassados viveram, não tinham como fazer melhor.** Precisamos iniciar um diálogo interno, com nós mesmos e com os nossos antepassados, e pedir a eles que aceitem de volta o que foi excluído da família durante todo esse tempo. Incluímos o sofrimento, a dignidade, as vidas interrompidas, os destinos inacabados e não realizados.

Quando aceitamos esse fato, **devolvemos a cada um a sua parte de responsabilidade por aquilo que não conseguiu realizar.** Compreendemos que, se estivéssemos naquela época, provavelmente também não conseguiríamos fazer melhor. Reconhecemos que, dadas as circunstâncias e a consciência daquela época, essas pessoas fizeram o máximo que podiam.

Ao devolver essa dignidade, criamos um espaço livre dentro de nós no qual dizemos: "Agora, com amor e consciência, lhe devolvo o que carreguei por você na tentativa de reparar o seu destino". **Libertamos do nosso corpo físico aquilo que foi excluído e ocupava espaço, devolvendo ao passado a sua dignidade. E assim ficamos livres para construir a nossa vida.**

Podemos pedir autorização ao clã, dizendo: "Com este espaço livre em mim, com tudo o que lhes devolvi e que lhes pertence, recebo de volta a parte da minha alma que perdi ao carregar o que era seu. Agora posso voltar a receber a minha luz, com a sua autorização, sua bênção, sua anuência, seu amor e seu respeito".

A família fica honrada e se alegra, pois não existe mãe, avó ou bisavó que não deseje a felicidade dos seus descendentes. Há uma aceitação, uma beleza que emana de todos os membros do clã que dizem: "Vá, meu filho, vá, minha filha, libertamos você, pois também temos a oportunidade, no plano em que estamos, de evoluir e trabalhar com o que estava retido na Terra, aprisionado pela dor". Ou seja, ao se dar a libertação dessa dor, até mesmo aqueles que estão em outros planos de existência podem seguir em frente. **A âncora que os prendia também é içada quando abençoamos e devolvemos ao passado o que pertence ao passado.**

Agora, cada um pode ocupar o seu lugar e a vida pode prosseguir à nossa maneira. É aí que abraçamos a felicidade e tudo o que já está presente. Podemos, finalmente, ter uma nova vida, a nossa própria vida.

> Viva o todo em você e deixe de esperar do outro o preenchimento dos seus vazios de amor.

MARIA GORJÃO HENRIQUES
Unidos num só coração

A ORDEM ENTRE PAIS E FILHOS

OS PAIS DÃO A VIDA E OS FILHOS A RECEBEM

Nada podemos acrescentar ao que nos é dado, porque recebemos tudo aquilo de que precisamos para viver. Como também já vimos, a mãe dá 50% e o pai dá 50%, mas cada um deu 100% do que é.

OS PAIS DÃO AOS FILHOS E OS FILHOS RECEBEM DOS PAIS

Recebemos dos pais a vida e, em segundo plano, tudo o mais que nos oferecem como acréscimo — educação, comida, abraços, carinhos e todo o investimento que fazem em nós.

O essencial é a vida, enquanto o resto é apenas o acréscimo do que nos dão após o nascimento. Mas onde estão as nossas queixas? Estão no resto. Ficamos distraídos com o que nos foi negado, com as críticas, a agressividade, a ausência... E transformamos esse resto em tudo, focando nele a nossa dor. E o tudo, que é a própria vida, acaba por ter pouca importância. Não lhe damos a dignidade e o lugar que merece ter na nossa existência.

Há um completo desequilíbrio na forma como encaramos a vida e como a acolhemos.

Isso determina o ponto de vista a partir do qual vemos a vida, o qual influencia a forma como vivemos a vida em carência em vez de vivê-la em abundância.

Se recebemos a vida dos nossos pais, com tudo o que nos deram, só podemos viver em abundância, pois o tudo era justamente aquilo de que precisávamos, a VIDA. E o resto é apenas acréscimo. Ainda mais quando, espiritualmente, sabemos que a nossa vida é uma continuidade permanente entre vários planos de existência. Vimos de vidas passadas e temos essa experiência para nos desenvolvermos, aperfeiçoarmos e reintegrarmos. Ao fazê-lo, levamos conosco a nossa aprendizagem no saquinho do conhecimento.

Como vimos anteriormente, também **os nossos pais são escolhidos pelo nosso EU superior.** Eles entram numa sintonia e vibração perfeitas, o que faz com que sejam a nossa escolha, porque têm dentro do seu sistema familiar toda a correspondência energética de que precisamos para viver o que temos de viver neste plano.

Quando não aceitamos a vida que os nossos pais nos oferecem, estamos, na verdade, nos rejeitando. Ao não aceitarmos a vida que nos é dada pelos nossos pais, estamos excluindo; não apenas excluindo a vida, mas também a nossa própria escolha a partir de um profundo entendimento espiritual. Estamos dizendo: "A escolha que fiz para mim não estava correta".

O pouco que eles nos dão em seguida também reflete os seus condicionamentos e as suas idiossincrasias. Uma mãe e um pai mal resolvidos enquanto crianças ou adolescentes vão projetar nos filhos esse vazio de amor que carregam. E nós, filhos, vamos nos tornar, ao vivo e em cores, as manifestações do seu inconsciente!

Aprendemos mais com os nossos filhos do que eles aprendem conosco, porque os nossos filhos representam o nosso inconsciente vivo e real. São metade de nós, mas representam 100% do que somos.

Então, **a única maneira que temos de honrar e receber a vida é expressar gratidão pela vida que nos foi concedida e dar vida a outros seres humanos se a vida nos permitir.** Também podemos nos doar (como já vimos antes), mas para isso precisamos primeiro encontrar a paz dentro de nós mesmos. Caso contrário nos envolvemos nesses projetos da mesma forma que uma criança se dirige aos pais, exigindo. **Quando um filho exige dos pais, o coração dos pais se fecha, pois o filho não está acolhendo o essencial, que é a VIDA, e está exigindo algo além do essencial, uma compensação pelo que não consegue receber plenamente: a vida.** No nível da personalidade, os pais podem até não entender, mas, num nível muito mais profundo, a alma entende.

O NOSSO CORAÇÃO SE FECHA QUANDO SURGE A EXIGÊNCIA DO FILHO

Isso desencadeia sentimentos de raiva, frustração e faz com que o coração se feche. Não temos vontade de dar mais, porque sabemos que não temos esse filho conosco, nem ele nos tem como pais, o que nos causa uma frustração interna.

Mesmo que o nosso amor pelos nossos filhos seja ilimitado e incondicional, requer condições para se manifestar. Parece contraditório, mas não é. Esse amor é incondicional, no entanto requer condições para se manifestar e fluir de forma plena.

Como seres espirituais com uma curta experiência terrena, temos as nossas próprias limitações na forma de expressão. Essas limitações derivam da angústia de separação, do sentimento de isolamento e das sensações provocadas pelas nossas ações enquanto seres espirituais num corpo humano que vive em espelho, em dualidade e em oposição. É por isso que, quando estamos diante de um filho e percebemos que, por mais que se faça, nada será suficiente, o nosso coração se fecha. Sabemos que só quando esse filho crescer e se tornar um pai é que surgirão dentro dele o respeito, a aceitação, a honra e uma gratidão pela mãe e pelo pai que tem. E será nesse momento que poderão surgir nesse filho a expansão de consciência e a responsabilidade que o farão dizer: "Agora sei que escolhi estes pais e que não posso exigir nada deles".

Aprendemos a ser filhos quando nos tornamos pais, pois compreendemos por meio dessa dor e, de repente, ressignificamos o nosso papel de filhos. Porém, muitas vezes é tarde demais... e, seguindo na linha do tempo, aprendemos a ser pais quando nos tornamos avós.

A vida é exatamente isto, uma lição constante como peregrinos, e o peregrino só aprende a percorrer o caminho ao caminhar.

Não queira viver uma vida sem dificuldades, sem dor, sem a noite escura da alma, porque essas são passagens que nos devolvem o valor da vida, a sua grandeza, a sua alegria, e nos mostram o verdadeiro significado desta caminhada.

A ordem entre pais e filhos é muito clara.
Quem dá já recebeu e quem recebe vai dar depois.

——— ———

Em primeiro lugar, vieram os pais enquanto seres individuais. Em seguida, se encontraram, se apaixonaram e se juntaram. Só depois surgiram os filhos.

Se nos desenvolvermos como pessoa e cuidarmos de nós, saberemos estar numa relação com outra qualidade e de outra forma. Não entramos na relação esperando que ela nos compense por aquilo que não damos a nós mesmo, como se fôssemos uma eterna criança cobrando da relação aquilo que os nossos pais não nos deram e que, por falta de responsabilidade, não assumimos.

Podemos esquematizar da seguinte forma:

◆ Nível 1 – EU.
◆ Nível 2 – EU com o OUTRO.
◆ Nível 3 – Os filhos que nascem.

Os filhos estão no terceiro nível da relação. Não estão em primeiro nem em segundo. Mas o que é que os pais fazem? Põem os filhos em primeiro e vivem em função deles, pondo a criança no centro, deixando de ser um casal, porque a criança está lá no meio. Dessa forma, cada uma das metades não faz o seu próprio trabalho de desenvolvimento, porque também já se perdeu. É igualmente importante perceber que a criança não tem sequer maturidade suficiente para estar no centro.

Viver em harmonia com as ordens do amor é assumir a responsabilidade pelas nossas escolhas.

MARIA GORJÃO HENRIQUES
Unidos num só coração

Primeiro está cada um de nós, enquanto ser individual, depois está a relação e depois os filhos, sendo que os filhos não têm todos a mesma ordem.

―― ――

O mais velho é o primeiro, depois vem o segundo e o terceiro... e por aí vai. Se há um aborto, esse filho tem de ser levado em conta. Essa alma tem tanto direito quanto todas as outras de ser amada e incluída, porque existiu e pagou o preço mais alto: o da vida. Se esse seu lugar não é reconhecido, os filhos que nascem depois ficam fora do seu lugar e não sentem o direito à vida. O sistema fica desequilibrado e vai à procura da compensação pela dor e por destinos difíceis, com repetições sucessivas dos mesmos padrões e eventos biográficos.

As ordens de amor dentro de uma família seguem um curso e cada ser humano dentro dessa família tem lugar, pode existir e ser feliz.

Quando essas regras são alteradas, comprometemos a saúde psíquica, emocional, física e mental de toda a família. Por essa razão, os filhos se subordinam aos pais, já que os sucessores vêm depois dos antecessores.

Respeitar essa ancestralidade, essa dimensão e essa sabedoria é respeitar o ancião da família, aquele que sempre foi ouvido por ter mais experiência, por ser o mais antigo. Isso é um ato de humildade e de profundo respeito.

Quando um filho se apropria de algo que pertence a um dos progenitores, está tentando se apropriar de algo para o qual não trabalhou e não conquistou por mérito próprio. Assim, as posições sistêmicas são invertidas. Há uma arrogância por parte do filho, que se considera no direito de usufruir do que os pais possuem como se fosse seu. Há uma arrogância do filho ao achar que está acima do próprio pai ou da própria mãe. Essa arrogância sutil influenciará a vida dessa criança ou desse adolescente, pois está assumindo algo de alguém que está hierarquicamente acima.

Temos quatro níveis de grandes desequilíbrios:

- ♦ Quando o filho mais novo quer tomar do mais velho.
- ♦ Quando os pais querem tomar dos filhos, ou seja, depender deles. Há progenitores que se alimentam emocionalmente dos filhos, invertendo a ordem sistêmica. Não são os filhos que querem, mas os pais que desejam ser cuidados pelos filhos.
- ♦ Quando os filhos querem dar aos pais, quando querem se comportar como pais, não como filhos. Sempre que um filho acha que pode ser o pai do pai ou pai da mãe, por exemplo.
- ♦ Quando os pais querem tomar como se fossem filhos.

Todas essas questões representam formas de arrogância que vão desestabilizar e desequilibrar todo o sistema familiar.

O ato de DAR e TOMAR, em vez de fluir de cima para baixo, inverte a ordem natural da vida. Compreender essa ordem é sabedoria, e vivê-la é humildade.

Diante de um pai, um filho baixa a cabeça para receber a vida pelo chacra da coroa (da cabeça). Como se estivesse lhe dizendo:

Você é grande e eu sou pequeno.
Você dá a vida e eu a recebo.
Você me deu o maior presente que
eu poderia receber e ainda
me ofereceu um pouco mais.

Sugestão de exercício

**Meditação de cura:
tomar o amor dos pais**

Assegure-se de que nos próximos momentos você não seja interrompido com distrações.

Encontre um lugar confortável para se sentar com os pés apoiados no chão, as costas retas e a cabeça ligeiramente inclinada para a frente, de modo a alinhar a coluna cervical.

Coloque uma intenção de cura e abertura, de rendição para com a vida que lhe foi dada pelos seus pais.

Esta é uma meditação de cura, de acolhimento da vida, do amor da nossa mãe e do nosso pai:

1. Inspire profundamente pelo nariz e expire pela boca.

2. Os pés devem estar apoiados no chão, as mãos repousando sobre as coxas, o corpo descontraído numa posição de faraó sentado, sentindo o contato com a cadeira e o chão.

3. Inspire e expire.

4. Preste atenção na sensação de leveza, na presença da vida em você, por tudo o que acontece no seu corpo, fora da sua supervisão, sem que haja uma vontade consciente. Leve sua atenção à forma como o seu corpo respira e o seu coração bate, ao sangue que flui nas suas veias sem qualquer autorização consciente da sua parte.

5. Preste atenção na sua respiração sem forçá-la, apenas observando o ar que entra e o ar que sai.

6. Dirija-se, agora, à sua mãe, dizendo:
(Texto da meditação de Bert Hellinger)

Querida mãe, tomo a sua vida.
Tudo. A totalidade.
Com tudo o que ela envolve e pelo preço total que custou para você. E que custou para mim também.
Vou fazer algo com ela para sua alegria.
Que não tenha sido em vão.
Eu a guardo, a honro e a transmito se me for permitido, tal como você o fez.
Tomo você como minha mãe, e você pode me ter como seu filho.
É a mãe certa para mim.
E eu sou o filho certo para você. Você é grande e eu sou pequeno. Você dá e eu recebo, querida mãe.
Você dá e eu tomo a vida, querida mãe.
Sinto uma profunda alegria por você ter escolhido o pai para si.

> Vocês dois são os pais certos para mim.
> Apenas vocês.

7. Deixe o coração se inundar de uma profunda gratidão e leveza, aceitando a mãe e todo o corpo que lhe foi dado por ela. Prepare-se para receber a vida da mãe.

8. Nesse lugar de quietude, paz profunda e gratidão, prepare o seu coração e o seu corpo físico para receber a orientação do pai.

9. Dirija-se, agora, ao seu pai, dizendo:

> Querido pai, tomo a sua vida, a totalidade, com tudo o que ela envolve e pelo preço total que custou para você, e custou para mim também.
> Vou fazer algo com ela para sua alegria.
> Para que valha a pena e não tenha sido em vão. Eu a guardo, a honro e a transmito se me for permitido, como você o fez, à minha própria maneira também.
> Tomo você como meu pai e você pode me ter como seu filho. É o pai certo para mim, e eu sou o filho certo para você.
> Você é grande e eu sou pequeno.
> Você dá e eu recebo, querido pai.
> Sinto uma profunda alegria por você ter escolhido a mãe para si.
> Vocês dois são os pais certos para mim.

Apenas vocês.
Abençoo a vida, aceitando a vida de
vocês dois com uma paz profunda
e a presença de ambos em mim.

10. Agora, dirija-se a ambos:

Honro vocês e honro a vida que recebo de vocês.
Abraçando-a e construindo-a à minha própria maneira.
Vocês dois são perfeitos para mim.
Abro o meu coração e honro vocês no meu altar
interno, tomando a vida.
Ao tomar a vida, escolho a vida.

11. Permita-se sentir toda a leveza e gratidão. Permita-se permanecer por alguns momentos nessas sensações e integrar toda a magia que acabou de acontecer nesse movimento sistêmico.

*A oração cura
o coração.*

MARIA GORJÃO HENRIQUES
Unidos num só coração

CONCLUSÃO

Ao longo desta jornada, notamos que a nossa vida é mesmo como um longa-metragem do qual fazem parte pequenos rolos que, muitas vezes, nos levam a perder a noção do todo. Por isso é que dificilmente compreendemos a conexão entre esses pequenos fragmentos. Só mais tarde, quando olhamos para trás, é que tudo se revela, e aí compreendemos por que é que esses pequenos rolos, que aparentemente não tinham conexão uns com os outros, estão na prateleira da nossa vida. Compreendemos, também, a arquitetura por trás das experiências, as correspondências surpreendentes e as pontas soltas que gradualmente se entrelaçaram, proporcionando uma inspiração e uma noção da nossa pequenez perante o fluxo divino que nos guia.

Durante muito tempo, vivemos o amor com dor, resultado das lealdades inconscientes ao nosso clã familiar.

Está tudo certo, pois tudo tem o seu tempo, e, na verdade, só conseguimos alcançar o que a nossa consciência quer e consegue obter a cada momento. Por isso, se daqui a algum tempo você reler este livro, certamente vai reter outras lições e terá a possibilidade de aprender algo novo, como se ainda não o tivesse lido.

A consciência sistêmica e as constelações familiares constituem a base para reaprendermos a viver verdadeiramente a nossa vida.

Nos convidam a mergulhar nas profundezas do nosso ser, a explorar as lealdades inconscientes que nos conectam à nossa família e ao nosso sistema familiar. Por meio desse mergulho corajoso, ganhamos clareza, compreensão e recursos para navegar pelas águas tortuosas da nossa vida e da nossa existência.

A verdadeira força reside na capacidade de enfrentar com amor e rendição a realidade tal como ela se apresenta. A dor e as contrariedades da vida, que são inevitáveis, acordam os nossos recursos essenciais e despertam a nossa alma para a vida!

Não há nada mais importante do que ter a capacidade e os recursos internos para lidar com os problemas que surgem no nosso caminho. É essencial possuir a força necessária para os enfrentar, contornar e adiar a busca do prazer imediato pela expansão da nossa consciência com amor para podermos resolver os problemas da forma mais adequada e, acima de tudo, respeitando a razão maior pela qual os problemas nos são apresentados — a nossa evolução espiritual.

Chegou o momento de, unidos num só coração, reverberarmos amor, nos somarmos e doarmos, para todos juntos — cada um à sua maneira — podermos contribuir para a transformação da consciência humana, neste momento em que todos estamos sendo convocados para uma mudança de paradigma de vida, naquilo a que muitos chamam de chegada da Nova Era.

Partilhar essa visão neste livro e materializar essa missão pelo portal Campus de Consciência Sistêmica e pela abertura de um espaço físico no meio da natureza, entre as cidades de Sintra e Mafra, ao qual demos o nome de Lagar das Almas, é um sonho tornado realidade, uma experiência sistêmica de realização que me transcende pela alegria e pelo espírito de estar a serviço de algo maior que pode ser entregue aos outros; algo que pode ser usufruído e contribuir para a expansão da consciência e do amor de tantas e tantas pessoas. A cada dia que passa, algo novo se revela e vai se mostrando a serviço da vida e do amor de todos. Para você que leu este livro, estamos seguramente ligados pela força do amor, da ternura e do respeito pelo processo e pela dignidade de cada um.

Precisamos devolver à vida o que de melhor ela nos deu.

Somos parte de um todo, unidos num só coração!

Que possamos nos (re)lembrar de que somos parte de algo maior, que todas as experiências têm um propósito e que cada conexão, mesmo que inicialmente obscurecida, pode revelar, a qualquer momento, a sua grandeza. Que possamos caminhar com consciência, nos abrindo ao amor, à cura e à compreensão, e que, assim, possamos encontrar a plenitude na nossa jornada de evolução.

Gostaria de um dia recebê-lo no Lagar das Almas no Campus de Consciência Sistêmica para que você possa desfrutar e usufruir ao vivo e em cores da experiência de profunda transformação que as constelações nos oferecem. Você também poderá viver o seu processo de transformação online, assistindo ao vivo a este "Bailado da Alma" que expande nosso coração e nos devolve o verdadeiro sentido da vida — O AMOR.

Unidos num só coração,
MARIA GORJÃO HENRIQUES

Este livro, composto na fonte Fairfield,
foi impresso em papel Ivory Slim 65 g/m², na Coan.
Tubarão, Brasil, agosto de 2024.